L'AUTRE MONDIALISATION

Du même auteur

Le Nouvel Ordre sexuel, Le Seuil, 1974.

Les Dégâts du progrès. Les travailleurs face au changement technique (en collaboration avec la CFDT, J.-P. Faivret et J.-L. Missika), Le Seuil, 1977.

Les Réseaux pensants. Télécommunications et société (en collaboration avec A. Giraud et J.-L. Missika), Masson, 1978.

L'Information demain. De la presse écrite aux nouveaux médias (avec J.-L. Lepigeon), La Documentation française, 1979.

Le Tertiaire éclaté. Le travail sans modèle (en collaboration avec la CFDT, J.-P. Faivret et J.-L. Missika), Le Seuil, 1980.

L'Illusion écologique (en collaboration avec J.-P. Faivret et J.-L. Missika), Le Seuil, 1980.

Raymond Aron, spectateur engagé. Entretiens avec R. Aron, en collaboration avec J.-L. Missika, Julliard, 1981, rééd. LGF, 1983.

Raymond Aron, spectateur engagé. Trois émissions de télévision (3 × 52 min) avec R. Aron, en collaboration avec J.-L. Missika, diffusion octobre 1981, Antenne 2.

La Folle du logis, la télévision dans les sociétés démocratiques, avec J.-L. Missika, Gallimard, 1983.

Terrorisme à la une. Médias, terrorisme et démocratie, avec M. Wieviorka, Gallimard, 1987.

Le Choix de Dieu. Entretiens avec J.-M. Lustiger, en collaboration avec J.-L. Missika, Éd. de Fallois, 1987, rééd. LGF, 1989.

Le Choix de Dieu : la mémoire – l'histoire n'est pas finie. Deux émissions de télévision (2 × 52 min) avec J.-M. Lustiger, en collaboration avec J.-L. Missika, diffusion octobre 1988, Antenne 2.

Éloge du grand public. Une théorie critique de la télévision, Flammarion, 1990, rééd. coll. « Champs », 1993.

War Game. L'information et la guerre, Flammarion, 1991.

La Dernière Utopie. Naissance de l'Europe démocratique, Flammarion, 1993, rééd. coll. « Champs », 1997.

Jacques Delors. L'unité d'un homme. Entretiens avec J. Delors, Odile Jacob, 1994.

Penser la communication, Flammarion, 1997, rééd. coll. « Champs », 1998.

Internet et après ? Une théorie critique des nouveaux médias, Flammarion, 1999, rééd. coll. « Champs », 2001.

Internet. Petit manuel de survie (avec Olivier Jay), Flammarion, 2000.

DOMINIQUE WOLTON

L'AUTRE MONDIALISATION

avec bibliographie et index thématique

Flammarion

ISBN : 2-08-210273-4

Pour D., El., Ed.

Introduction

La mondialisation de l'information rend le monde tout petit, mais très dangereux. Chacun voit tout, sait tout, mais réalise aussi ce qui le sépare des autres, sans avoir forcément envie de s'en rapprocher. L'Autre, hier, était différent, mais éloigné. Aujourd'hui, il est tout aussi différent, mais omniprésent, dans le téléviseur de la salle à manger comme au bout des réseaux. Il va donc falloir faire un effort considérable pour se comprendre. En tout cas pour se supporter.

Longtemps considérée comme un facteur d'émancipation et de progrès, l'information peut devenir un facteur d'incompréhension, voire de haine. *L'information ne suffit plus à créer la communication, c'est même l'inverse.* En rendant visibles les différences culturelles et les inégalités, elle oblige à un gigantesque effort de compréhension. C'est probablement l'une des ruptures les plus importantes du XXIe siècle. Le monde est devenu un village global sur le plan technique, il ne l'est pas sur le plan social, culturel et politique. La technique ne tire plus le progrès. La communication n'est plus naturellement dans les journaux, sur les ondes des radios et télévisions, ou avec les ordinateurs. Notre philosophie politique de la communication doit intégrer cette nouvelle donne : la paix ne dépend plus seulement de l'information et de la communication, qui peuvent même devenir un facteur supplémentaire de tension.

Deuxième révolution : l'omniprésence de l'Autre est un facteur aggravant d'incompréhension. Hier, l'Autre était une réalité ethnologique, lointaine ; aujourd'hui il est une réalité sociologique, avec laquelle il faut cohabiter. Les distances ne sont plus physiques, elles sont culturelles.

La troisième révolution est culturelle : à quelles conditions se supporter mieux, dans un monde plus visible, mais aussi plus incompréhensible ? À quelles conditions apprendre à cohabiter et à se tolérer ? À quelles conditions la révolution des techniques de l'information et de la communication peut-elle rester liée à l'idéal de progrès et de rapprochement entre les peuples, et éviter de devenir un facteur de guerre ?

Tel est l'enjeu de ce livre. *Penser les conditions de la mondialisation de l'information et de la communication afin qu'elle ne devienne pas une sorte de bombe à retardement.* Les rapports que nous établissons entre information, connaissance et communication sont à revoir ainsi que notre relation avec les autres. Réfléchir aux conditions pour que la cohabitation culturelle reste pacifique. En d'autres termes, l'information et la communication sont devenues les enjeux politiques majeurs de cette « autre » mondialisation dont on ne peut faire l'économie.

Le 11 septembre 2001 inaugure cette rupture. La menace, toujours forte à l'heure où j'écris ces lignes, d'un conflit armé en Irak le confirme de façon tout aussi éclatante. Le terrorisme exprime le rejet du modèle occidental – et la capacité à retourner l'information, qui en est un peu le symbole – contre l'Occident. Il traduit *aussi* l'émergence de la culture comme enjeu politique mondial et son lien désormais indispensable avec la communication. On est partout face au couple culture-communication. L'obligation de cohabitation avec d'autres *cultures*, rendues visibles par l'omniprésence de l'information, constitue un défi politique majeur.

La fin du communisme en 1990 a laissé la part belle au capitalisme et au modèle occidental, dont les industries culturelles et de la communication sont le symbole le plus visible, du moins jusqu'à l'effondrement boursier des nouvelles technologies en 2002. Parallèlement, les pays émergents veulent participer à cette révolution de la communication. Cependant, d'un bout à l'autre du monde, les individus ne pensent pas de la même manière et s'en rendent compte de plus en plus. Les inégalités étant par ailleurs rendues plus visibles, un malaise s'installe, qui concerne l'Occident et notamment les États-Unis, maîtres des industries culturelles et de la communication. Le modèle occidental de l'information et de la communication est contesté, en même temps que l'identité culturelle fait l'objet de revendications de plus en plus nettes.

Le fait majeur de ce début du XXIe siècle est alors le surgissement du *triangle infernal identité-culture-communication*. Les conflits et les revendications politiques, à commencer par le terrorisme international, sont la preuve de ce surgissement. Aux inégalités traditionnelles entre le Nord et le Sud s'ajoutent les risques politiques liés à la culture et à la communication.

Ce livre étudie donc les conditions à satisfaire pour que l'information et la communication demeurent des valeurs d'émancipation, alors qu'elles sont aussi des marchandises. Comment éviter que l'idéal d'ouverture et de civilisation ne crée en retour un refus de modèle occidental ? Comment prendre en compte ce triangle identité-culture-communication comme nouvel enjeu politique au plan mondial ? Comment introduire des choix politiques là où dominent seules la technique et l'économie ? Comment admettre que, dans un monde ouvert, la cohabitation culturelle devienne un enjeu aussi important que la prise en compte des inégalités Nord-Sud ou les questions d'environnement ? Autrement dit, comment réaliser au plus vite que l'information et la communication sont des risques tout autant de guerre que de paix ?

C'est ce que j'appelle « l'autre » mondialisation. Si l'on reprend le fil de l'histoire du XXe siècle, il s'agit de la troisième, car on peut dire que la mondialisation a connu trois étapes. La première, avec la création de l'ONU à l'issue de la Seconde Guerre mondiale, a posé les conditions d'un ordre international, sur la base du respect des nations, des cultures, des religions, en vue d'organiser, démocratiquement et pacifiquement, la Communauté internationale.

Une deuxième révolution a ensuite commencé avec les Trente Glorieuses et a concerné principalement l'économie avec l'ouverture des frontières en vue d'étendre au monde entier l'économie de marché et le modèle du libre-échange.

La troisième mondialisation n'est pas seulement politique ou économique, mais culturelle. Elle concerne la cohabitation culturelle au plan mondial. C'est l'objet de ce livre : penser les conditions de l'émergence de cette « autre » mondialisation. Et pour cela construire *le concept de cohabitation culturelle*, qui permet de penser les relations de ce triangle infernal : identité, culture, communication.

Tout cela passe d'abord par une profonde remise en cause des raisonnements du « politiquement correct », et par une remise à jour de ces mots : identité, culture, communication. Cela passe aussi par une autre révolution : la revalorisation du récepteur, c'est-à-dire du public.

Il est urgent d'admettre que les récepteurs – les publics –, partout dans le monde, et indépendamment de leur niveau d'éducation, sont intelligents et capables de filtrer les messages auxquels ils sont exposés. Du reste, plus ils recevront de messages, plus ils filtreront. *Transmettre, en effet, n'est pas synonyme de communiquer.* Le principal frein à la mondialisation de l'information vient de l'immense diversité des récepteurs.

Avec la cohabitation culturelle, on est sur le fil du rasoir. Soit le lien avec un projet politique démocratique peut s'établir, et un modèle de communication culturel relativement pacifique parvient à s'installer. Soit le lien entre cohabitation et projet politique ne peut se construire, et c'est le triomphe de tous les irrédentismes culturels… Dans un cas l'identité est liée à un projet démocratique de cohabitation ; dans l'autre l'identité devient un principe de conflit politique. Mais dans les deux cas, on n'échappera pas à un débat, à la fois sur la cohabitation culturelle et ses enjeux, et sur les liens entre identité, culture et communication.

Autrement dit nous sommes face à la naissance d'un *nouvel espace politique*, comme on a pu le constater sur les thèmes de l'environnement, le dialogue Nord-Sud, le statut des femmes, la santé, l'éducation… La difficulté est que cet espace est d'emblée mondial et d'une complexité folle, compte tenu des malentendus qui se cachent derrière les mots identité, culture et communication. Mais elle tient aussi au fait que, dans les secteurs de la culture et de la communi-

cation, valeurs et intérêts sont constamment en interaction.
Face à ce défi, la France et l'Europe disposent d'atouts considérables parce qu'elles sont des sociétés anciennes : par leur
histoire, elles ont, depuis le XVIe siècle, des racines culturelles universelles qui permettent de penser et d'organiser la
cohabitation culturelle au niveau mondial.

Curieusement, cependant, les travaux concernant ce sujet
sont encore peu nombreux. Autant la question du *multiculturalisme au sein des États-nations* est abondamment traitée
depuis une vingtaine d'années, autant cette même question au
plan international ne l'est pas. On réfléchit, on débat beaucoup
des relations entre communautés, identités, nations, langues,
ethnies et immigrations dans le cadre des nations et des États,
mais on ne s'intéresse guère à ce problème à l'échelle du
monde, comme si la tradition diplomatique des « relations
internationales » suffisait à penser la nouvelle réalité mondiale, comme si l'ouverture du monde, la fin du communisme, la déréglementation, la mondialisation de l'information et des techniques de communication ne bouleversaient
pas la question des rapports entre identité, culture, communication, entre États et nations, à l'échelle du monde... Le
décalage est considérable entre la place que prend la mondialisation économique, la difficulté à mettre en place une organisation politique à la même échelle, et le *silence* sur les
enjeux liés à la mondialisation de la culture et de la communication. *Pourtant il existe une marge de manœuvre* face à
ces défis nouveaux et gigantesques, et tout au long du livre il
en sera fait mention. Cela commence par une prise de
conscience : d'abord et avant tout réaliser l'importance de
cette autre mondialisation, qui met la culture et la communication au cœur des défis mondiaux.

Serai-je entendu ? Ce que je dis, dans mes livres et
recherches, est qu'il est impossible de penser le monde
contemporain sans une théorie de la communication, c'est-à-
dire une théorie des rapports entre culture, communication,
société et politique. Non seulement parce que l'omniprésence des techniques, depuis cinquante ans, a changé radicalement notre vision du monde et des sociétés, mais surtout
parce que le modèle culturel de la communication – c'est-
à-dire la possibilité de transmettre des informations de toute

nature et de réagir en retour – s'est élargi, modifiant le fonctionnement des rapports sociaux, et obligeant à tenir compte du fait que le récepteur est autonome et intelligent.

Bref, la communication devient un acteur central de la politique du XXIᵉ siècle. Elle est aussi un enjeu fondamental de connaissance, même si celui-ci a du mal a être reconnu comme tel car l'expérience personnelle que chacun fait de la communication, autant que la fuite en avant dans les prouesses techniques, repoussent toujours à plus tard la nécessité d'une réflexion théorique fondamentale. Pourtant les événements nous y appellent – hier le 11 septembre, demain d'autres crises politiques et militaires –, mais les idées pour l'instant résistent.

Il a été long de faire admettre que les médias de masse sont indispensables à la démocratie de masse, et qu'ils sont une conquête démocratique. De même il n'a pas été aisé de faire reconnaître le rôle de la télévision généraliste comme lien social, au moment où l'on ne voyait que les vertus de l'individualisation avec les chaînes thématiques. Comme il était difficile de valoriser l'expérience de l'Europe, où cohabitent secteur public et secteur privé, au moment où l'idéologie de la déréglementation semblait condamner jusqu'à la notion même de service public. Il est malaisé de faire accepter l'idée que l'Europe politique ne pourra se construire sur le même modèle que l'Europe technocratique, justement parce qu'elle associe les peuples, et se fait sur un modèle de participation et de communication. De même pour Internet quand, au plus fort de l'idéologie des réseaux, j'ai essayé de dire qu'un système technique, fût-il le plus sophistiqué, a besoin d'un projet politique et culturel pour éviter soit de succomber dans la spéculation économique, comme on l'a vu, soit d'entretenir l'illusion funeste que les hommes et les sociétés peuvent changer par la seule magie des réseaux.

C'est le même défi ici avec les contradictions liées à la mondialisation de l'information : faire comprendre la nécessité d'une réflexion théorique, sur le rôle de la communication dans nos sociétés. Au-delà de la performance des outils et des enjeux économiques, c'est sur la modification des rapports humains et sociaux qu'il faut réfléchir. Sinon l'information et la communication – l'histoire l'a déjà montré – pourraient être l'occasion d'un sinistre renversement et devenir des facteurs de guerre et d'incompréhension, après avoir été pendant des siècles des facteurs de progrès et de rapprochement entre les individus et les peuples. Recherche après recherche, je montre que l'information et la communication font partie des grands enjeux scientifiques et politiques du XXIᵉ siècle, mais à condition que soit poursuivi un gigantesque effort de construction de connaissances, si l'on veut que les valeurs qu'elles portent demeurent, à l'heure de la mondialisation, des facteurs d'émancipation.

Avec l'information et la communication, en effet, on est toujours dans l'équivoque, mais comme j'essaie toujours de le montrer, il existe aussi une marge de manœuvre. Les concepts de communication normative et fonctionnelle, d'espace public, de récepteur, de société individualiste de masse, de philosophie technique et de philosophie politique de la communication, d'identité culturelle relationnelle et d'identité culturelle refuge m'ont aidé à réfléchir au concept de la cohabitation culturelle comme proposition pour résoudre les contradictions liées à la mondialisation de la communication.

D'où vient cet ouvrage ? En dehors de mes recherches précédentes sur les rapports entre communication, culture, société et politique, il a trois sources.

D'abord, un travail à l'initiative du territoire sur la communication politique entre la Polynésie française et la métropole en 2001-2002, que j'ai élargie au Pacifique et à l'ensemble de l'outre-mer. Ensuite une recherche à l'initiative du secrétariat d'État aux DOM-TOM, sur l'impact qualitatif de la politique des nouvelles techniques d'information et de communication dans les départements d'outre-mer, en 2001-2002. Enfin la réalisation, entre 2000 et 2002, d'un numéro de la revue *Hermès* (éd. du CNRS), consacré à « La France et ses outre-mers ». Ces trois recherches, et d'autres missions internationales, au Proche-Orient, en Amérique latine et en Asie, m'ont fait réfléchir aux changements de statut des concepts de l'identité, de la culture et de la communication. Elles m'ont aussi permis de comprendre comment la culture et la communication étaient indissociablement liées, un peu comme une double hélice, avec deux dimensions, l'une normative et l'autre fonctionnelle. Elles sont liées simultanément à des valeurs d'émancipation et à une réalité économique. Entre marché et politique, commerce et émancipation, enrichissement et révolte, l'information et la communication sont un des secteurs les plus conflictuels du siècle à venir.

Enfin, cette recherche complète les raisonnements que j'avais menés dans mes livres précédents sur l'Europe (*Naissance de l'Europe démocratique*, 1993), ensuite sur *Penser la communication* (1997), enfin sur *Internet* et l'enjeu des nouvelles technologies au plan mondial (2000 et 2001). Aujourd'hui, l'immensité et la gravité des enjeux culturels et politiques de la mondialisation confirment ce que je dis depuis longtemps : l'importance d'une théorie de la communication comme enjeu scientifique et politique pour la démocratie au XXIᵉ siècle.

Je remercie les personnalités publiques et privées que j'ai rencontrées outre-mer et à l'étranger, ainsi que celles du Quai d'Orsay et du ministère des DOM-TOM. Les unes et les autres m'ont aidé à appréhender des réalités culturelles très diverses. Ces missions m'ont confirmé dans la nécessité de travailler à ces questions très peu analysées, et pratiquement jamais débattues. La mondialisation avance plus vite que la réflexion sur les mutations qui en résultent. Pour l'instant, l'attention est centrée sur les possibilités offertes par les techniques plutôt que sur les questions qui en résultent. *On devine la fin des distances physiques, on ne mesure pas encore l'importance des distances culturelles.* On ne voit pas non plus la nécessité de penser la cohabitation culturelle à l'échelle du monde ; on évite soigneusement de regarder en face le fait que la mondialisation de l'information et de la communication, au lieu de rapprocher les hommes et les cultures, sont facilement des facteurs de conflits.

Merci à T. Bambdrige, E. Dacheux et Y. Winkin pour leur lecture du manuscrit, et à Madeleine Fix, Françoise Rivé, Arlette Goupy, Michèle Leseur, qui m'ont aidé à le terminer dans les délais souhaitables.

Chapitre 1

Informer n'est pas communiquer

Abondance d'informations nuit

Avec la mondialisation de l'information, le moindre événement est rendu visible, et apparemment plus compréhensible. Pour autant, il n'y a pas de lien direct entre l'augmentation du nombre d'informations et la compréhension du monde. Telle est la nouvelle donne du siècle qui s'ouvre : l'information ne crée pas la communication.

Pendant longtemps, les informations ont été si rares, les techniques si contraignantes, que tout progrès permettant davantage d'informations générait assez logiquement une meilleure compréhension du monde, *a fortiori* une meilleure communication. En un siècle le progrès des techniques a été tel, du téléphone à la radio, de la télévision à l'ordinateur, et aujourd'hui à Internet, que l'on en est venu à assimiler progrès technique et progrès de la communication, au point de parler de « village global » pour ce nouvel espace mondial de l'information. Mais *la communication mondiale demeure un leurre*. Lentement et sûrement l'écart se creuse entre des techniques toujours plus performantes et la communication humaine et sociale nécessairement plus aléatoire. Après dix années folles pour Internet, l'addition est lourde : désormais ils déchantent, ceux qui croyaient qu'au bout des réseaux les hommes et les sociétés communiqueraient mieux. L'emballement des marchés a laissé place à un sévère krach économique.

La mondialisation de l'information n'est *que* le reflet de l'Occident, lié à un certain modèle politique et culturel. Il n'y a pas d'équivalence entre le Nord et le Sud : la diversité des cultures modifie radicalement les conditions de réception. Si les techniques sont les mêmes, les hommes d'un bout à l'autre de la planète ne sont pas intéressés par les mêmes choses... ni ne font le même usage des informations. L'abondance d'informations ne simplifie rien et complique tout.

En réalité cette mondialisation de la communication a connu trois étapes. La première est liée à la conquête du territoire entre le XVIe et le XVIIIe siècle ; la deuxième étape, entre le XVIIIe et le XXe siècle, a été celle de l'exploitation physique du monde sur un mode qui présupposait que ce monde était « infini ». La troisième étape – celle que nous vivons – nous place devant le fait que le monde est fini, fragile, et que les problèmes de cohabitation entre peuples et cultures sont désormais prédominants.

Pour comprendre l'importance de la dimension culturelle dans la communication, il faut revenir aux caractéristiques mêmes de la communication. Celle-ci comporte trois dimensions : la technique, la politique et les conditions socioculturelles. Si les deux premières dimensions évoluent vite et finalement en parallèle, la troisième est la plus compliquée et la plus lente à se mettre en place. *Les individus modifient moins vite leur manière de communiquer qu'ils ne changent d'outils.* Pour qu'il y ait une « révolution » dans la communication, il faut qu'il y ait une rupture aux trois niveaux. Cette rupture existe aujourd'hui aux niveaux technique et économique, mais il manque encore la troisième dimension, qui est aussi la plus importante. Les techniques et les réseaux ne suffisent pas à accroître l'intercompréhension – c'est même l'inverse.

En d'autres termes, *la fin des distances physiques révèle l'importance des distances culturelles.* Curieusement donc, cette troisième phase de la mondialisation, qui était censée nous rendre le monde plus familier, est celle qui, au contraire, nous fait prendre conscience de nos différences. D'où vient cette discontinuité ? Du fait que les récepteurs ne sont pas dans les mêmes espace-temps que les émetteurs ; et qu'en l'espèce, ces émetteurs diffusant majoritairement depuis le Nord, les récepteurs rejettent une information faite sur un modèle occidental – pour ne pas dire américain – et ressentie comme un impérialisme culturel. Il suffit de regarder les réactions de la presse des pays du Sud (et pas seulement musulmans) après le 11 septembre 2001. Voilà quelle est *la* grande révolution de ce début de siècle en matière de communication : la prise de conscience d'une *discontinuité radicale entre l'émetteur et le récepteur*. Avec pour conséquence l'importance des facteurs socioculturels : le même message, adressé à tout le monde, ne sera jamais reçu de la même manière par chacun.

Tel est le point de départ du XXIe siècle : la rupture entre information et communication, la difficulté de passer de l'une à l'autre. On savait les cultures différentes, mais on pensait que la même information pouvait être plus ou moins acceptée par tous. On s'aperçoit du contraire : un fossé se creuse entre information et communication. Cette vérité empirique, on l'avait découverte, parfois douloureusement, au niveau des États-nations ; on la retrouve plus nettement à l'échelle du monde. C'est un certain modèle universaliste – en réalité occidental – de l'information et du lien entre information et communication qui s'effondre.

Car ce lien n'a plus la même nécessité : depuis la fin du communisme, qui a encouragé une certaine liberté de la presse au niveau mondial, et depuis que l'on est entré dans une ère où l'abondance de l'information est économiquement justifié, le lien direct entre l'information et son acceptation par les destinataires s'est distendu. L'information est liée au message et elle présuppose que celui-ci sera accepté. La communication, en revanche, met l'accent sur la *relation* et, partant, questionne *les conditions de la réception*. C'est en quoi elle est toujours plus compliquée que l'information, comme l'avait déjà analysé, au niveau interpersonnel, l'école de Palo Alto.

Le choc des cultures

De quoi est-il question dans la mondialisation de l'information et de la communication ? Tout simplement du heurt – plus ou moins violent – des cultures et des visions du monde. Ce n'est pas parce qu'on voit tout, ou presque, que l'on comprend mieux. En revanche, on réalise la diversité des valeurs et on mesure très concrètement tout ce qui nous sépare les uns des autres sur les plans religieux, politique et culturel. Ainsi l'Occident, au matin du 11 septembre, s'est réveillé de son « grand sommeil » et a réalisé, non sans stupeur, que nombre de pays ne partagent pas les valeurs de la culture démocratique mais, surtout, que plus ces pays pénètrent dans ce marché mondial de l'information, plus ils affirment leurs différences, voire leur hostilité, à l'égard de l'Occident. *Le monde est fini, mais la diversité des points de vue sur le monde est infinie.* Cette diversité se retrouve dans l'information, qui accentue les décalages, creuse les incompréhensions et les rancœurs entre le Nord et le Sud, attise les frustrations.

Tout le problème posé ici est celui des conditions de passage de l'information (le message) à la communication (la relation). Entre les deux, il y a la culture, c'est-à-dire les différences de point de vue sur le monde. Telle est la question centrale posée par la mondialisation de l'information : à quelles conditions les cultures peuvent-elles cohabiter ?

On le voit, le problème est d'abord politique. Et d'autant plus explosif qu'il est exponentiel : *quel est l'impact d'un nombre croissant d'informations sur un nombre croissant d'individus ?* Nul ne peut le dire. Si l'information ne crée pas de communication, elle a cependant une influence. Mais laquelle ? Comment croire que des millions d'individus, accédant à des millions d'informations, n'en viendront pas à changer leur vision du monde ? Nous le constatons tous les jours de notre propre chef : les informations que nous recevons provoquent un élargissement de notre vision du monde, mais aussi des heurts entre ce que nous apprenons et nos choix personnels, voire des changements plus profonds dont nous n'avons pas conscience. Il y a ainsi dans la tête de millions d'individus une négociation permanente entre la conception du monde qu'ils ont héritée de leur culture et la manière dont celle-ci est modifiée par les informations reçues. Et il est clair, en outre, que ces informations aiguisent le sens critique. On ne peut pas être exposé sans cesse à plus d'informations sans avoir progressivement une vision plus critique du monde. Ainsi l'antiaméricanisme croissant paraît lié à la position dominante des États-Unis en matière de diffusion d'informations, avec ce cercle vicieux que plus les médias occidentaux diffusent d'informations, plus ils nourrissent cet antiaméricanisme. Il est trop simple, en effet, de croire que cet antiaméricanisme est alimenté par les seules dictatures et autres fondamentalismes. Quand les industries culturelles confondent la mondialisaton des marchés avec l'approbation des consommateurs, elles oublient que consommer n'est pas nécessairement synonyme d'adhérer...

L'histoire, toujours...

La mondialisation de la communication illustre parfaitement le retour de l'histoire. En réduisant la révolution de la communication à une simple question technique ou économique, sans s'attaquer frontalement à la question culturelle, les élites mondiales sont passées à côté du sujet. Déjà, à l'arrivée de la radio, puis de la télévision, elles n'ont vu dans les médias de masse, outil pourtant indispensable à la démocratie de masse, qu'abêtissement et manipulation. Face à l'indétrônable prestige de la presse écrite, la communication est devenue synonyme de commerce, de marketing. En somme, dans la communication, il n'y avait plus rien à voir avec un projet d'échange et d'intercompréhension. Pourtant il n'y a pas de communication sans intelligence des publics, c'est-à-dire sans la capacité de filtrer et de hiérarchiser les messages. On l'a bien vu, du reste, avec Internet, dont on a pensé, un peu naïvement, qu'il serait l'outil privilégié de divulgation du modèle occidental de l'information et de la démocratie, et dont on réalise qu'il *peut* être « retourné » avec une terrible efficacité par tous les régimes autoritaires et les mouvements terroristes. Plus les outils sont performants, moins la communication est maîtrisable. Hier l'existence

d'un public assez homogène et des techniques relativement
rustiques conditionnaient la communication ; aujourd'hui
c'est l'inverse qui se produit.

Et voici que, dédaignée par les élites depuis cinquante
ans, la communication fait désormais retour et s'impose
comme problème central. Comment, par exemple, s'adres-
ser à des cultures différentes de façon à les intéresser, à
engager avec elles un dialogue qui leur donne le sentiment
d'être reconnues et l'envie de répondre ? À quelles conditions le Nord acceptera-t-il d'accueillir des informations et
des visions du monde venues d'ailleurs (voir les réactions
suscitées par l'émergence d'Al Jazira, à l'occasion de la
guerre d'Afghanistan) ?

Il y a réellement une rupture dans l'ordre de la communication entre le XXᵉ et XXIᵉ siècle. Au XXᵉ siècle la technique
l'a emporté sur la culture, au point que l'on a pu croire, avec
la télévision puis avec Internet, que le « village global » était
une réalité culturelle. Puis ce fut le triomphe de l'économie,
avec la croissance presque insolente des grandes industries
culturelles qui peu à peu ont absorbé tous les secteurs d'activité (film, télévision, musique, édition, presse, logiciels), le
tout au mépris de *toute co*nsidération politique et sans que
quiconque s'émeuve des risques courus par la démocratie. À
l'arrivée : vingt ans d'idéologie libérale et de dérégulation.

Le début du XXIᵉ siècle illustre ce renversement radical,
avec les événements suivants : le 11 septembre, les négociations de l'Organisation mondiale du commerce (OMC), la
dégringolade du Nasdaq, l'effondrement des « grands » de la
communication AOL, Vivendi Universal et Bertelsman. On
prend enfin conscience des dégâts du libéralisme sur la
culture et la communication, et l'on comprend qu'elles relèvent toutes deux de l'action politique. Au sein des pays
riches, en premier lieu, en vue d'un minimum de régulation
et de respect des diversités culturelles. Dans le dialogue
Nord-Sud, en deuxième lieu, en vue d'un rééquilibrage dans
la circulation des flux d'informations, car il ne s'agit plus
seulement de produire et de diffuser davantage d'informations, il faut surtout que les individus, les collectivités et les
peuples les acceptent.

C'est cela la revanche de la culture et de la politique sur la technique et l'économie. Le Nord a d'autant moins vu ce décalage que la révolution des techniques, qu'il a initiée il y a cinquante ans, est naturellement en phase avec la culture moderne occidentale qui privilégie la mobilité, dont Internet et le téléphone portable sont aujourd'hui les symboles les plus parlants. Mais cette mobilité n'est pas vécue partout de la même manière. Surtout elle s'accompagne d'un autre phénomène, aussi important : le besoin d'identité.

Mobilité et identité

Mobilité et identité sont les deux faces de la modernité. Aujourd'hui, on cherche *autant* à affirmer son identité qu'à gérer sa mobilité. C'est le même phénomène avec la communication. Plus il y a de communication, d'échange, d'interaction, et donc de mobilité, plus il y a, simultanément, un besoin d'identité. Ce qui est vrai au niveau individuel l'est aussi au niveau de la communauté et de la société. Seulement les conceptions des notions d'identité et de mobilité ne sont pas les mêmes partout.

La problématique identitaire est depuis si longtemps ancrée dans la culture occidentale que l'accroissement de la mobilité s'est fait assez facilement. Il en va tout autrement au Sud, qui se désagrége identitairement, car il résiste mal à la modernité du Nord et doit accomplir ses propres mutations. Or la modernité, avant même l'arrivée des techniques de communication, avait déjà mis à mal les cadres traditionnels de ces sociétés, rendant plus vive la question identitaire.

Plus les individus circulent, s'ouvrent au monde, participent à la modernité et à une sorte de « culture mondiale », plus ils éprouvent le besoin de défendre leurs identités culturelle, linguistique, régionale. On veut à la fois l'UMTS – la troisième génération de portables qui permettra l'interactivité, l'interopérationalité, la mobilité – et le maintien des racines, du territoire, de l'identité. Les individus ont besoin des deux, c'est-à-dire de la communication *et* de la culture, entendue dans son sens large de valeurs, traditions, symboles, langue… Rien de pire que de réduire la modernité à la

mobilité, en oubliant ce fort besoin d'identité. Contrairement
à un certain discours sur la mondialisation qui tient le
« cosmopolitisme », le « métissage » et autres « mélanges »
pour des preuves du « dépassement des identités », je pense
que, pour amortir le choc de l'ouverture au monde, il faut des
racines. Oui à la mondialisation, à toutes les formes d'ouverture, pourvu que, simultanément, *les identités soient renfor-
cées.*

Et l'on comprend bien, alors, pourquoi les pays développés n'ont pas la même perception de la mondialisation
que les autres : tout simplement parce que celle-ci ne menace
pas leur identité. Quand tout est relation, communication et
mobilité, c'est parce qu'il existe, par ailleurs, une identité
culturelle. Ce qui est le cas dans le Nord beaucoup plus que
dans le Sud. On retrouve un des contresens de la modernité
dont on reparlera plus loin : confondre le besoin de mobilité,
d'échanges, de libertés, d'intéractions avec la fin du besoin
de culture et d'identité. Au contraire. Il n'y a *pas à choisir,
mais à faire les deux, en même temps.* Cela est très important
à rappeler, car cela commande en bonne partie la réflexion
future sur les enjeux sociopolitiques des rapports entre communication et culture à l'heure de la mondialisation.

En d'autres termes, il y a peut-être une mondialisation des
techniques et des industries de l'information et de la communication, mais il n'y a pas de communication mondialisée.
*De même il y a des industries culturelles mondiales, mais
pas de culture mondiale.* À la limite, il n'y a jamais que
des exceptions culturelles, mais la culture dominante peut
imposer son exception culturelle aux autres. Le même message envoyé à tous n'est pas reçu partout de la même
manière. C'est d'ailleurs pour cela, contrairement à ce
qu'avait craint l'école de Francfort (mais on le comprend car
ses membres venaient de vivre l'arrivée de Hitler au pouvoir), que la radio, puis la télévision, malgré leur statut de
médias de masse, n'ont pas été des instruments totalitaires.
Plus il y a de messages, plus les conditions culturelles de la
réception priment.

Internet illustre cette ambiguïté qui peut faire l'objet d'un
effet-boomerang. L'Occident croit naïvement que le réseau
va unifier le monde, comme il l'a vu auparavant pour l'infor-

mation, au travers de CNN et dans un sens qui est évidemment le sien.

C'est peut-être possible pour l'économie. Mais au fur et à mesure que le réseau va s'étendre, de nombreuses cultures auront le sentiment d'être expropriées, de ne pas se retrouver dans ce modèle cognitif. Cela peut créer soit de l'angoisse, soit de l'agressivité, sans doute les deux. Le Sud va se retourner contre cette colonisation mentale au nom de ses cultures et de ses identités. Présenté comme l'outil privilégié d'une « communication mondiale » en réseau, symbole de la mobilité, en laissant de côté la question apparemment « dépassée » des identités culturelles collectives, Internet peut créer, après la phase d'euphorie, *un profond sentiment d'expropriation de soi-même*. Internet et l'ensemble des techniques de communication seraient alors assimilés à l'impérialisme culturel occidental, créant des réactions violentes, dont de nombreux exemples émaillent l'histoire de ces trente dernières années, où s'exacerbent les questions de territoire, les irrédentismes culturels et religieux.

L'Occident, à l'origine de cette logique de la communication mondialisée, ne peut opposer la « modernité » de sa position au côté « archaïque » des réactions culturelles, identitaires du Sud, car il est la seule partie du monde où il existe une sorte de complémentarité entre modernité et identité. Et en cinquante ans, la roue a tourné. Les autres cultures ont perdu leurs complexes à l'égard de l'Occident, et souhaitent accéder à la « révolution » mondiale des techniques de communication tout en conservant leurs idées, et leurs cultures.

On débouche ainsi au cœur *de notre propos* ; à quelle condition organiser, à l'heure de la mondialisation des industries de la communication, la cohabitation pacifique des cultures ? Soit on arrive à lier de manière satisfaisante communication, mobilité, identité et culture. Soit on sous-estime la complexité du problème, et il faut s'attendre à un *retour de bâton* de l'identité.

La modernité, comme concept central de notre société, n'a d'intérêt que si elle admet les aspirations contradictoires des individus. Nous voulons être à la fois individualistes et égaux, appartenir à des groupes et à des communautés, mais en même temps demeurer solidaires d'une société, être citoyens européens tout en restant liés à notre identité nationale, promouvoir d'autres rapports individuels et fidèles au couple et à la famille, ouverts aux cultures du monde et toujours attachés à notre terroir...

La fascination pour l'ouverture, l'exotisme, la vitesse, la mobilité, la culture des autres, la fin des contraintes ainsi qu'une sorte d'anarchie individuelle ne contredit pas un attachement aux traditions, aux histoires, aux institutions. On sent bien, d'ailleurs, que plus les valeurs sociales, culturelles, traditionnelles sont rejetées au nom d'une modernité « rationnelle », plus celles-ci font retour. Le symbole le plus éclatant est peut-être celui de la religion. Les grandes religions sont contestées pour leurs dogmes, qui entrent en concurrence avec les valeurs de la modernité ; et en même temps la quête de spiritualité se développe à travers le bricolage de nouvelles pratiques religieuses. Plus fort qu'il y a cinquante ans, le sentiment religieux refuse, pour le moment, les liens avec les dogmes et la théologie.

Notre identité culturelle et sociale est aujourd'hui plurielle et contradictoire. Et plus les tabous, les interdits tombent, plus les comportements évoluent, plus le trouble s'installe. Non que les traditions fassent réellement retour, mais la nostalgie de ces valeurs irrigue une modernité qui se cherche, d'autant plus qu'elle a triomphé et n'a plus d'adversaire. Qui aujourd'hui n'est pas moderne ?

Fonctionnel et normatif

Le processus de rationalisation, voire de domination culturelle, imposé par l'Occident est-il inéluctablement source de contradictions ? Le conflit est-il inéluctable, entre les deux dimensions contradictoires de la *modernité, mobilité* et *vitesse* d'une part, et besoin d'*identité* et de *culture* d'autre part ? Non, et ce, pour une raison simple. Si la culture et la communication sont au cœur des industries mondiales, avec le risque croissant de contradictions, elles sont aussi des valeurs essentielles de l'humanisme occidental. C'est cette dimension de valeurs qui permet de s'opposer à la seule logique d'instrumentalisation de la culture et de la communication. C'est comme la démocratie. Celle-ci est imparfaite, et dévoyée quotidiennement, mais ce sont les valeurs au nom desquelles on la construit qui permettent d'en débusquer les dérives. Autrement dit, même si les industries culturelles *et* de la communication ne voient qu'un marché potentiel de six milliards d'individus, l'idéal d'émancipation qui est au cœur de la culture et de la communication donnera demain des armes pour lutter contre une réduction de la culture et de la communication à une simple logique industrielle. Et donc pour un respect plus grand à l'égard des différences culturelles.

Le mot essentiel est celui de *marge de manœuvre*. La culture et la communication peuvent être autant du côté des valeurs que des intérêts, de la rationalisation que de l'émancipation, de la lutte politique que de l'économie de marché. D'ailleurs, si la culture et la communication ont souvent été du côté des pouvoirs militaire et politique, comme l'histoire nous en offre maints exemples, ou du côté du pouvoir économique, comme on le voit aujourd'hui avec la mondialisation, elles ont aussi été des lieux de résistance. C'est pour rendre compte de cette ambivalence que je dis qu'il y a *deux dimensions* dans l'information, la communication et la culture.

La *dimension fonctionnelle* renvoie tout simplement au fait que, dans la société, tout s'échange. L'interdépendance est croissante. Mais la transmission, la diffusion, l'échange peuvent constituer des activités sans idéal. Est fonctionnel ce qui rend service. À l'inverse, la *dimension normative* renvoie à un idéal, à l'idée de partage, de compréhension, d'échange avec l'autre au sens de communion, qui sont aussi au cœur de l'activité humaine et sociale. Dans l'information, la communication et la culture, il y a toujours cette dualité où les deux dimensions, et c'est ce qui en fait leur exceptionnel intérêt, sont conjointes. L'idéal n'est jamais éloigné de la nécessité. C'est pourquoi il existe une marge de manœuvre.

J'ai déjà souligné cela dans mes travaux précédents. De même, quand je parle de « société individualiste de masse », j'essaie de rendre compte de l'existence de deux valeurs contradictoires, aussi importantes l'une que l'autre, et qui

coexistent : celle de la liberté individuelle et celle de l'égalité. Chacun d'entre nous veut à la fois la liberté et l'égalité.
Si information et communication peuvent être du côté de
la normativité et de l'émancipation, elles peuvent aussi
s'arrêter à la seule dimension fonctionnelle et générer de
l'inégalité, de la domination. L'intérêt de la modernité,
comme concept central de nos sociétés, est d'admettre les
aspirations contradictoires des individus, et d'essayer de les
tolérer. Nous sommes à la fois individualistes et égalita-
ristes ; appartenant à des communautés, mais attachés à une
société, citoyens européens et finalement liés à l'identité
nationale ; recherchant d'autres rapports individuels et défen-
dant le couple et la famille ; ouverts aux cultures du monde et
fidèles aux racines culturelles régionales ou nationales, menacées par la mondialisation. Autrement dit, les sociétés occidentales ont du mal à choisir entre, d'une part, la fascination pour
l'ouverture, la vitesse, la culture des autres, la fin des
contraintes, une sorte d'anarchie individuelle, et d'autre part
un profond attachement aux traditions historiques et institutionnelles. Notre identité culturelle et nos aspirations de communication sont plurielles et contradictoires.

On retrouve ici la complexité de la culture et de la communication. Elles sont vecteurs d'émancipation, sources d'industries florissantes, et en même temps, ressources pour un retour
identitaire. Cela explique la bataille pour la diversité culturelle
engagée à partir de l'Accord multilatéral d'investissement
(AMI), dont le mouvement antimondialiste est aujourd'hui
l'héritier, ou les tensions au sein de l'Organisation mondiale
du commerce. Si culture et communication n'étaient pas porteuses, depuis toujours, de cette double dimension, il n'y
aurait pas d'affrontement. C'est aussi pour cette raison qu'il
n'y aura pas de Big Brother, pas de pouvoir totalitaire à partir
des réseaux. Les industries culturelles peuvent imposer des
modes, elles ne peuvent contrôler les cultures. Les collectivités
et les peuples sont capables de leur résister, même si cela n'est
pas immédiatement visible.

Certes je crois, avec les marxistes, que les industries culturelles sont à terme plus du côté de la domination que de
l'émancipation, mais à l'inverse je ne pense pas que les
peuples et les individus soient pour autant aliénés. Ils sont

dominés, certes, mais il existe bel et bien une marge de manœuvre. Comment la mettre en valeur ? En rappelant toujours la dimension normative de la culture et de la communication qui permet de critiquer sa dimension fonctionnelle, de débusquer les idéologies techniques, de critiquer les marchands du temple, d'engager la bataille pour les droits d'auteur, de rappeler l'enjeu de la régulation internationale d'Internet, de souligner le rôle essentiel de lien social des médias de masses, de valoriser le service public dans les médias, de mettre en valeur les identités culturelles nationales par rapport à la culture mondiale...

Ces actions, on s'en doute, susciteront bien des affrontements. Les industries culturelles, dans leur expansion, en appelleront à la dimension normative de la culture et de la communication pour mieux élargir leurs marchés. C'est cette même ambiguïté qui empêchera ces industries d'instrumentaliser complètement les valeurs de la culture et de la communication. *Il sera toujours possible de s'appuyer sur les références normatives pour combattre les dérives commerciales.*

À condition, évidemment, de développer au plus vite une logique de connaissance, c'est-à-dire une capacité critique à l'égard des promesses des industries culturelles mondiales, qui puisse montrer la différence entre les valeurs d'émancipation, de liberté, de création inhérentes à l'idéal de la communication et la réalité des faits. En un sens, l'ambivalence de la culture et de la communication est l'allié le plus précieux dans la réflexion critique sur les enjeux de la mondialisation.

C'est ce qu'on a compris avec la crise récente du Nasdaq. En crevant, la bulle spéculative a rendu plus évident l'excès des promesses de la cyber-société. S'il n'y avait pas eu, simultanément à la crise économique, la conscience du caractère spécifique de ce secteur, on n'aurait pas assisté à un retournement aussi rapide de l'opinion devant ce qui était, hier encore, adulé, à savoir les « promesses » mondiales des techniques de communication.

Pluralisme et universalisme

La mondialisation des techniques de communication a d'abord été un facteur d'ouverture sur le monde. On ne dira jamais assez l'importance de la radio et de la télévision comme fenêtres ouvertes sur le monde. Plus de 4,5 milliards de postes de radio et 3,5 milliards de postes de télévision, sans compter un milliard de téléphones portables, et à peu près autant d'internautes, cela se traduit nécessairement par davantage d'ouverture. C'est pourquoi, d'ailleurs, les régimes autoritaires se méfient des techniques de communication : il suffit de constater la suspicion de la Chine envers Internet... Car on ne peut pas contrôler ni les messages qui circulent, ni leurs influences. Si l'on souligne, à juste titre, les limites du modèle occidental de l'information politique, il faut aussi admettre que ce modèle a évidemment joué un rôle fondamental d'ouverture à la démocratie pendant plus de cinquante ans.

S'il n'y avait pas eu, depuis un siècle, cette bataille pour la liberté de l'information et de la communication, l'enjeu culturel ne serait pas aussi fort. Autrement dit, c'est le succès des techniques de communication au plan mondial qui a accéléré la prise de conscience des limites de la culture mondiale, et la nécessité de préserver des liens entre cultures et industries nationales. Que l'Occident ne puisse plus imposer à marches forcées son modèle de société au monde est une chose, qu'il faille pour autant mésestimer sa conception de la liberté individuelle et de la démocratie en est une autre. Tomber dans une vision systématiquement critique de l'Occident n'a pas de sens. Il ne faut pas être naïf ou idéaliste quant au caractère prétendument plus libre ou démocratique d'autres sociétés ou d'autres cultures. Respecter le pluralisme culturel ne doit pas interdire de défendre le modèle démocratique occidental. Il suffit de regarder une carte, de s'informer, de voyager, pour constater à la fois les limites du modèle culturel occidental, l'obligation de tenir compte au plus vite de la diversité culturelle, mais aussi le très petit nombre de pays démocratiques existant sur la planète, et le profond mouvement d'émancipation suscité par la philosophie politique occidentale.

D'ailleurs tous les principes juridiques et politiques qui ont permis de penser et d'organiser le concept de la communauté internationale, de la faire vivre malgré le conflit Est-Ouest d'hier et les inégalités Nord-Sud d'aujourd'hui, trouvent leur source dans la pensée occidentale. *Sortir de l'occidentalisme ne doit donc pas faire oublier que l'universalisme y trouve ses racines.* Si l'Occident réussit à penser un certain relativisme culturel, il contribuera aussi à réaffirmer les racines occidentales de l'universalisme. C'est la tentative qu'a engagée l'Unesco à travers sa déclaration universelle sur la diversité culturelle de novembre 2001. Elle pose une définition très large de la culture : « La culture doit être considérée comme l'ensemble des traits distinctifs, spirituels et matériels, intellectuels et affectifs, qui caractérisent une société, ou un groupe social ; [...] elle englobe, outre les arts et les lettres, les modes de vie, les façons de vivre ensemble, les systèmes de valeurs, les traditions et les croyances. » Cette définition trouve un écho dans la conférence de Johannesburg de septembre 2002, où la diversité culturelle a été présentée comme la garantie du développement durable.

C'est, clairement, *une nouvelle définition de la culture,* plus large que celle liée au patrimoine qui, d'une certaine manière, concerne la « culture cultivée ». La culture aujourd'hui englobe tous les éléments de l'environnement, traditionnel ou contemporain, qui permettent de se situer dans le monde, de le comprendre partiellement, d'y vivre et de ne pas se sentir menacé ou exclu. Tout peut devenir culturel, pour construire une vision du monde plus stable. Et en même temps il n'y a pas de culture sans relation, ouverture et parfois communication. La culture devient donc un phénomène beaucoup plus complexe et plus dynamique. Face à la déstabilisation provoquée par l'augmentation des échanges, elle demeure simultanément un facteur de stabilité.

La culture a toujours eu ces deux dimensions : l'identité liée au patrimoine pour conserver ses racines, l'ouverture liée à l'histoire pour penser le monde contemporain. Simplement, en un siècle, les proportions entre les deux dimensions ont changé. Aujourd'hui la dimension d'ouverture est telle, à une échelle si considérable, et avec une telle valorisation, visible dans l'idéologie de la modernité, centrée sur le présent et indifférente au passé, que l'on peut s'attendre au retour d'une problématique identitaire, qui n'aura évidemment pas le sens d'il y a un siècle. Une réflexion d'ensemble est fondamentale, devant nous, à propos du statut de la culture. Et ce n'est pas le moindre des paradoxes que de la devoir au profond mouvement de mondialisation de la communication. On peut d'ailleurs souligner trois temps dans le processus d'ouverture de la culture et de la communication. La mondialisation des techniques a d'abord été un formidable facteur d'ouverture, du téléphone à la radio, à la télévision, à l'ordinateur. Dans le deuxième temps, où nous sommes, une attention particulière doit être portée aux différences culturelles. Le troisième temps est la prise de conscience des limites à imposer à cette mondialisation. C'est la vision trop occidentale, voire américaine, qui suscite des réactions en retour.

Enfin, le récepteur...

La mondialisation de la communication nous force à penser la question de l'altérité. On le voit déjà pour l'information politique, qui est le secteur où les récepteurs, c'est-à-dire les citoyens, expriment le plus nettement leurs réactions. Lors de la guerre du Golfe, en 1991, la chaîne d'information continue CNN a montré jusqu'à la caricature le point de vue américain sur le monde. Ce fut aussi le cas à la suite des attentats du 11 septembre et pendant la guerre en Afghanistan. Mais l'émergence de la chaîne d'information Al Jazira a sonné le glas, en quelque sorte, de ce monopole. En tout cas, dépendre d'Al Jazira pour obtenir des informations sur Ben Laden fut pour les Occidentaux l'occasion d'une double prise de conscience : d'une part, il fallait compter avec d'autres sources d'information que celles strictement occidentales ; d'autre part, on devait mesurer la réaction des récepteurs, en l'occurrence ici l'opinion publique des pays arabes. Et demain, le problème se posera à l'identique pour l'Amérique latine, l'Asie, l'Afrique.

De ce point de vue, un nouveau travail de réflexion est à mener sur le statut de l'information. Pendant très longtemps les journalistes ont construit l'information en fonction de ce qu'ils considéraient comme étant juste et vrai, et ce, indépendamment des récepteurs. Ce n'est plus le cas aujourd'hui ; le récepteur s'impose. C'est un progrès, mais jusqu'à quel point ? En effet, s'il est indispensable de tenir compte du récepteur, il n'est pas possible, pour autant, de bâtir l'information en fonction de ce que ce destinataire souhaite entendre ! C'est la liberté de l'information qui serait en cause ; car, par définition, informer consiste, la plupart du temps, à annoncer quelque chose qui *dérange*. Réfléchir aux nécessités d'une diversification de l'information et aux limites à préserver dans la prise en compte du point de vue du récepteur est un chantier prioritaire.

Surtout, contrairement à ce qu'on a longtemps voulu faire croire, cela signifie que le récepteur n'est jamais passif ; d'un bout à l'autre du monde, il s'intéresse à des programmes différents.

Ce n'est pas parce que l'industrie américaine de l'image a su en partie façonner des goûts communs qu'une diversification de l'offre par aire culturelle n'est pas nécessaire ; il est même fort probable que les publics nationaux réclameront de plus en plus de productions liées aux identités culturelles. Il ne se passera pas, dans le domaine culturel, ce qui a eu lieu, par exemple, dans l'industrie du pétrole. On a pu voir, ces trente dernières années, des tentatives avortées pour développer des industries pétrolières nationales ; et la domination des multinationales anglo-américaines est demeurée écrasante. Ce processus ne pourra pas avoir lieu avec les industries culturelles, pour la raison simple qu'elles touchent à *l'essentiel* des peuples : les valeurs et leurs représentations du monde. Se contenter de tenir vaguement compte de ces différences ne suffira pas à calmer les esprits. Il faudra demain que le monde s'ouvre aux produits audiovisuels du Sud, qui pour le moment sont totalement ignorés du Nord, à quelques exceptions près, notamment pour l'Égypte, l'Inde et le Brésil. Tant que le modèle de la communication fonctionnelle dominera, la demande se calera sur l'offre. Mais à partir du moment où il s'agit de passer à une communication plus normative, on prend davantage en

compte les problématiques de la cohabitation et du partage
culturels.

Avec le surgissement du récepteur, le XXIᵉ siècle doit
commencer à penser vraiment une politique de la diversité
culturelle. S'il n'y a pas d'*opinion publique mondiale*, il y a
en revanche des *cultures*. Réfléchir aux conditions de
réception des différents messages oblige à penser la cohabitation culturelle et révèle trois phénomènes essentiels.
D'abord, il n'y a pas de théorie de la communication sans
une problématique du récepteur. Cela se traduira également
par la nécessité d'admettre la *négociation*, donc de ralentir
le processus de la communication, alors que jusqu'à présent il n'a été question que de l'accélérer. Par exemple,
l'Union européenne, qui n'a cessé d'accélérer sa construction pour la rendre irréversible, est aujourd'hui obligée,
avec l'élargissement à vingt-cinq États-membres, de
ralentir la procédure pour mieux respecter la diversité des
citoyens. Enfin, admettre la légitimité du récepteur, c'est
brouiller la hiérarchie entre le haut et le bas. C'est, à terme,
admettre une certaine *égalité*, en tout cas, une égale dignité
entre les différents partenaires des industries de la communication. Prendre en compte le récepteur, c'est finalement
poser la question de l'altérité, donc celle de la *cohabitation*,
qui sera l'une des grandes questions politiques du
XXIᵉ siècle.

Les chantiers de demain

Accepter la spécificité des industries culturelles

Les industries culturelles ne sont pas des industries
comme les autres. Certes ce sont des industries, mais leur
objet – l'information, la communication, la culture – leur
donne un statut spécifique qui dépasse la logique économique.

Pendant vingt ans, l'expansion technique et économique
des télécommunications, de l'audiovisuel et de l'informatique a été telle que ce langage n'a pu être entendu. L'information et la communication apparaissaient plutôt comme le

moyen de restructurer le capitalisme, de dégager de nouvelles sources de profits après les profits engrangés par les
secteurs industriels du charbon, de l'acier, du pétrole ou du
nucléaire. L'information et la communication étant transver-
sales à toutes les activités économiques et sociales, elles
devenaient le « système nerveux » de cette nouvelle économie mondiale en construction. Pourquoi alors aurait-il
fallu accorder un statut spécial à ce qui allait devenir le
centre de l'économie du monde et permettre au demeurant
aux pays développés de conserver leur avance technique,
culturelle, politique ? Soutenir le secteur de la communication, le banaliser, n'était-ce pas montrer que l'on était pour le
progrès ? Poser des questions, dénoncer l'idéologie technique, réclamer un projet politique au-delà des innovations,
mettre en garde contre la restructuration du capitalisme à
partir des industries de la communication, craindre une
domination culturelle traduisaient au mieux du conserva-
tisme, au pis une coupable frilosité.

À cette époque, nous avons été peu nombreux à élever la
voix pour dire l'urgence de penser les nouveaux médias,
notamment par rapport aux médias classiques, d'échapper à
l'idéologie technique et pour rappeler la dimension politique,
au sens large, de la culture et des liens entre identité, culture
et communication. D'une certaine manière, l'effondrement
du Nasdaq, et le krach des industries des télécommunications
a confirmé notre hypothèse. Les arguments pour rappeler que
l'information et la communication ne sont pas des marchandises comme les autres vont peut-être enfin être moins dis-
qualifiés. Il y va tout simplement de la paix et de la guerre de
demain…

La première « révolution mentale » à entreprendre est de
réfléchir aux enjeux géopolitiques de la communication, et
de *passer d'une idéologie des systèmes d'information à une
problématique de la communication* ; admettre que le problème principal, dans ce secteur, n'est pas la production et la
diffusion d'un nombre croissant d'informations de toutes
natures, et plutôt de reconnaître enfin que *ces industries
gèrent des visions du monde*, et sont donc inséparables d'une
réflexion sur les conditions de leur accueil. Si l'information a
un prix et devient partout une marchandise lucrative, elle ne

se réduit pas à cela, car son usage va au-delà de l'économie. Aujourd'hui, par exemple, personne ne nie que le terrorisme international s'est essentiellement développé sur le refus du modèle occidental. D'ailleurs, les terroristes utilisent les mêmes systèmes d'information que les Occidentaux, à commencer par Internet, mais ils en font un tout autre usage. Preuve que l'essentiel n'est pas du côté de la technique, mais de celui de l'information et des modèles culturels qu'elle véhicule.

Réguler les industries culturelles

En Occident, la liberté de l'information est tellement liée à la lutte politique pour la démocratie que toute idée de régulation dans le secteur est encore considérée comme une atteinte à la liberté. Réguler ne traduit pourtant pas nécessairement une position liberticide, c'est au contraire le signe d'une volonté de protéger la liberté de la communication. Depuis toujours, on sait qu'il n'y a de liberté de communication qu'avec des lois pour la garantir. Par exemple tout ce qui concerne la question des droits d'auteur et de la propriété intellectuelle est directement lié à cette problématique nouvelle de la liberté. Il faut donc, dans le domaine de la culture et de la communication, comme dans beaucoup d'autres d'ailleurs, rappeler que la loi est la condition de la liberté, et non sa destruction.

Il faut aussi limiter cette concentration sans limite des industries de la communication, dont la fragilité, qui plus est, est extrême. On voit s'effondrer, ici et là, des pans entiers, non seulement des industries culturelles, mais le plus souvent du patrimoine... Les industries culturelles doivent se recentrer sur leur métier initial et sortir de la seule logique financière. Il est pour le moins stupéfiant que, entre 1992 et 2002, les plus grosses entreprises de communication (Aol-Time-Warner, Disney, Bertelsman, Vivendi Universal – avant sa chute) soient aussi devenues les plus puissantes multinationales du monde ! Pour *aucun* autre secteur d'activité, on n'aurait accepté aussi facilement une telle concentration sans poser la question de sa compatibilité avec la logique démocratique. Cela en dit long sur la fascination exercée par ces

industries sur les classes dirigeantes. Rappelons-nous simplement qu'il y a plus de cinquante ans on s'inquiétait de ce
que la concentration de la presse pût être une entrave à la
démocratie, alors qu'aujourd'hui des industries de communication concentrent journaux, maisons d'éditions, télévisions,
studios, nouveaux médias, à un degré de puissance économique sans commune mesure avec ce qui se passait dans les
années 30. Aujourd'hui, rares sont ceux qui, au niveau
national ou international, s'insurgent contre cette logique de
la concentration. D'aucuns en arrivent même à dire que la
puissance et le pouvoir des groupes de communication sont
la garantie de la liberté de l'information...

Sauvegarder le lien social

La concentration des industries culturelles a un deuxième
effet pervers : la segmentation du marché en autant de marchés secondaires possibles. La conséquence ? Un effritement
du lien social. Si cette segmentation est source de rentabilité,
elle est aussi un risque pour la démocratie. De même qu'une
nation est autre chose que l'*addition* des communautés qui la
composent, de même la communauté internationale est autre
chose que la somme des réseaux et des marchés. Seuls les
États, si dépendants soient-ils, sont capables de gérer l'hétérogénéité sociale et culturelle des nations. C'est à eux de
maintenir un minimum de cohésion entre les différentes
communautés – ce qui, en matière d'industries de la culture,
se traduit par la problématique de l'intérêt général, l'existence d'un service public, la préservation du caractère
national d'une partie des industries culturelles. Que diraient
les Américains, libre-échangistes en paroles, protectionnistes
dans les faits, s'ils voyaient leurs industries de la culture et
de la communication, dont il sont en outre assez fiers, partir
par morceaux vers l'étranger ? À voir leur réaction au simple
rachat des studios d'Universal et la manière dont ils n'ont eu
de cesse de les récupérer dans le giron national, on n'a guère
de peine à trancher la question.

On retrouve à l'Organisation mondiale du commerce ce
débat sur le statut des industries culturelles entre deux
camps : celui des tenants d'un libéralisme favorable à la seg-

mentation, et celui des partisans d'une problématique plus
universaliste et liée à la préservation d'une certaine cohésion
sociale au-delà de l'existence des communautés. Qui dit
acceptation d'une cohésion sociale suppose l'existence d'une
régulation pour la garantir, donc d'un État. Le communautarisme, en revanche, n'a guère besoin d'un État fort. Cet
affrontement entre deux philosophies politiques détermine
en bonne partie la configuration des industries culturelles des
dix prochaines années.

Encourager l'esprit critique

Préserver la régulation publique sur le secteur de la communication réclame une solide obstination pour imposer une
certaine vision du rôle de l'État et de l'intérêt général, une
philosophie politique de la culture et de la communication,
l'ambition de penser et de gérer la diversité culturelle, et bien
d'autres actions. Cette politique d'ensemble doit être l'occasion d'une réflexion sur le rôle de l'État et de l'intérêt
général ; et plus encore, l'occasion de développer chez les
citoyens un esprit vigilant, qui sache faire la différence entre
valeurs et intérêts, afin de distinguer au-delà des mots, dans
l'énorme discours de la communication, ce qui relève finalement de la promotion, afin d'apprendre à juger sur pièce,
empiriquement, modestement. Et par exemple à réfléchir à
l'un des paradoxes inattendus de la révolution de l'information, celui de son *prix*. Hier l'information était rare, considérée comme une valeur en soi, un acquis démocratique et
bon marché. Aujourd'hui elle est abondante, pour ne pas dire
redondante, elle est devenue une véritable marchandise et,
partant, beaucoup plus chère, notamment parce qu'elle est
segmentée et vendue sur des supports différents.

Pas de réflexion non plus sur les enjeux gigantesques liés à
ce secteur s'il n'y a pas d'abord une revalorisation des mots
qui le traversent. Et d'abord il faut admettre que l'information et la communication ne sont pas synonymes, que la
culture doit être pensée de façon plus globale car, si elle est
liée au patrimoine, elle est aussi la somme de tous les
moyens mobilisés par l'individu pour essayer de vivre dans
son temps. Il faut éviter de la réduire à la culture d'élite, et

montrer le rôle moteur de la culture moyenne et de la culture de masse dans la société contemporaine. *La culture, c'est finalement l'ensemble des attitudes qui permettent de se situer par rapport au monde contemporain.* Tout est ressource culturelle pour construire une capacité à penser une réalité en mouvement perpétuel : musique, mode, information, tradition, mode de vie, travail, éducation... Tout ce qui est simultanément dans le temps, et dans l'air du temps, qui est partagé par d'autres, qui fait sens. Jamais peut-être la culture n'a été autant simultanément dans la durée *et* dans l'instant. En tout cas, culture et communication justifient de créer des *connaissances* pour penser les défis techniques, économiques, politiques, liés à l'expansion des industries du même nom.

Créer des connaissances, c'est développer l'esprit critique qui distingue valeurs et intérêts, logique normative et logique fonctionnelle dans l'information, la culture et la communication. Apprendre à ne pas confondre le progrès technique avec les services réellement utiles, le discours commercial avec l'aspiration à la communication, les processus économiques avec la réalité des rapports sociaux, la transparence assurée par Internet, avec la réalité des rapports de pouvoirs, l'aspiration à l'égalité avec les risques de la cybercriminalité.

Utiliser les sciences sociales

Les sciences humaines et sociales ont aussi une responsabilité dans la situation actuelle. Majoritairement elles n'ont pas su dénoncer les faux nez de cette culture mondiale, alors qu'elles-mêmes, *tous les jours*, dans le cadre de la coopération internationale, rencontrent des difficultés langagières, cognitives, historiques, sociales qui freinent considérablement le travail en commun. Si les physiciens, mathématiciens, biologistes peuvent coopérer au plan mondial, c'est parce que les mots utilisés sont *peu* nombreux. Avec les sciences sociales, c'est *par les mots* que l'on pense et, en outre, toute création théorique est liée finalement à la capacité d'agencer les mots de manière percutante.

Constamment confrontées à la question du *comparatisme*, les sciences sociales en savent l'extrême difficulté, justement parce que les distances symboliques, culturelles, cognitives sont telles entre les sociétés qu'il faut énormément de temps et de patience. Pourquoi les scientifiques ne dénoncent-ils pas cette idéologie mondialiste ? Mieux que personne, les chercheurs savent qu'il ne suffit pas de se mettre en réseau pour mieux se comprendre. C'est même le contraire, car la facilité technique crée une sorte de paresse intellectuelle.

Pour les sciences sociales, parler de culture c'est toujours parler d'une *relation*. La culture n'est jamais statique, elle est dynamique, et sa signification évolue dans le temps. Il ne suffit pas de multiplier les connexions entre sociétés pour que le dialogue culturel augmente... Il faut pour cela multiplier les travaux sur le métissage, faire des études comparatives sur le processus de métissage actuel en Caraïbe, au Brésil, en Afrique du Sud, en Asie... *Comparer est ici la condition de toute connaissance.* Par exemple, comment se pose, dans deux grands pays à forte identité culturelle, mais qui sont ailleurs radicalement différents, la question de cette identité : le Japon, d'une part, homogène culturellement, mais confronté, par son ouverture sur l'extérieur, à une problématique inédite de cohabitation culturelle ; le Brésil, d'autre part, immédiatement métissé et muticulturel, et qui doit défendre son identité au fur et à mesure de son développement économique ; sans parler de l'Europe, sur laquelle nous reviendrons.

Les sciences sociales devraient être les premières à souligner combien la problématique de l'*identité culturelle*, telle qu'elle émerge depuis une vingtaine d'années, n'a rien à voir avec ce qui a existé précédemment. La décolonisation, les voyages, l'ouverture sur le monde, la mondialisation économique, l'augmentation des niveaux de vie, tous ces éléments ont modifié les caractéristiques et le fonctionnement de l'identité culturelle, qui n'a plus grand-chose à voir avec le nationalisme d'autrefois, même si les mouvements populistes jouent – et c'est normal – sur les ambivalences. Il n'y a pas assez de travaux sur le populisme qui est partout dans le monde un processus en expansion, trop rapidement identifié à une pensée d'extrême droite alors que les populismes de gauche sont au moins aussi fréquents que ceux de droite. On manque d'études sur les processus de métissage liés à la colonisation, sauf dans la tradition anglosaxonne des *cultural studies* ou des *post-colonial studies*. Mais ces travaux sont peu en prise avec les enjeux sociopolitiques de la mondialisation. Un énorme travail est donc à faire pour comprendre l'élargissement de ce que l'on appelle la culture, la mutation du sentiment national, les rapports entre État et société, les perceptions de l'Autre, les stéréotypes et les représentations, l'ouverture sur les autres sociétés et religions, la crise du modèle occidental, la sourde inquiétude à l'égard de la mondialisation, la mutation des formes des identités nationales, l'impact des médias de masse...

Revaloriser la fonction des journalistes

Cette information, devenue marchandise, place les journalistes au cœur des enjeux de l'information mondialisée, et ce, pour quatre raisons. *Premièrement* ils doivent se battre pour que, dans le flot d'informations qui envahit le monde, on continue à pouvoir distinguer ce qui relève de l'information-presse, construite et élaborée par eux, et toutes les autres catégories d'informations, liées aux bases de données et à tous les systèmes d'information en construction. La presse doit ainsi rester une industrie bien identifiée et protégée dans le maelström de l'information mondiale. La distinction entre information-valeur et information-marchandise qui est au fondement de la presse ne doit jamais être perdue de vue. *Deuxièmement*, les journalistes ont le devoir d'expliquer de manière simple – ce qui fait la grandeur de leur métier – un monde de plus en plus compliqué. S'il y a beaucoup d'informations sur tout, la capacité du public à recevoir et à interpréter ces informations est limitée. C'est la capacité de synthèse et de clarification qui fait le fondement de leur métier. *Troisièmement*, les journalistes doivent être beaucoup plus conscients de la diversité culturelle. Ils doivent à la fois rester fidèles à certaines valeurs du métier et ne jamais oublier qu'une information, faisant rapidement le tour du monde, a toutes les chances de rencontrer des publics dont les choix politiques, culturels, religieux risquent d'entrer en conflit avec elle, et donc de la rejeter. Il suffit de voir que le conflit israélo-palestinien n'est pas couvert de la même manière, selon qu'on s'adresse aux Israéliens, aux Palestiniens, au monde arabe, aux Occidentaux, aux Américains ou aux Européens... *Quatrièmement*, les journalistes doivent acquérir une compétence économique pour décrypter les batailles économiques autour de leur métier. *L'économie aujourd'hui menace beaucoup plus la liberté de la presse que la politique.* Dans tous les pays, y compris aux États-Unis, les journalistes sont relativement démunis car ils possèdent une culture politique, mais peu de culture économique.

Indications bibliographiques

Alexander, A., Owers, J., Carveth, R., *Media Economics : Theory and Practice*, Hillsdale, N.J., Lawrence Erlbaum Associates Inc., 1998.

Appadurai, A., *Après la colonisation. Les conséquences culturelles de la globalisation*, Payot, 2001.

Aron, J.-P., *Les Modernes*, Gallimard, 1984.

Barber, Benjamin R., *Djihad Versus Mac World*, Desclée de Brouwer, 1996.

Barbero, J. M., *Des médias aux médiations. Communication, culture et hégémonie*, éd. du CNRS, 2002.

Barnow, E. *et al.*, *Conglomerates and the Media*, New York, The New Press, 1998.

Bastide, R., *Le Prochain et le lointain*, Cujas, 1970.

Bertrand, A. et Kalafatides, L., *OMC. Le pouvoir invisible*, Fayard, 2002.

Bonnet, M. et Desjeux, D. (dir.), *Les Territoires de la modernité*, PUF, 2001.

Bouchard, G. (dir.), *La Nation dans tous ses États*, L'Harmattan, 1977.

Boutros-Ghali, B., *Démocratiser la mondialisation*, éditions du Rocher, 2002.

Boyer, R. et Drache, D. (dir.), *State against Markets. The Limits of Globalisation*, Londres, Routledge, 1996.

Elbaz, M. et Helly, D., *Mondialisation, citoyenneté et multiculturalisme*, L'Harmattan, Les presses de l'Université, Laval, 2000.

Ellul, J., *La Technique ou l'Enjeu du siècle*, Armand Colin, 1954.

Featherstone, M. (dir.), *Global culture, Naturalism, Globalization et Modernity*, Londres, Sage, 1990.

Ferro, M., *Le Choc de l'islam, XVIIIe-XXIe siècle*, Odile Jacob, 2003.

Flichy, P., *Une histoire de la communication moderne*, La Découverte, 1991.

Gauchet, M., *La Démocratie contre elle-même*, Gallimard, 2002.

Geertz, C., *The Interpretation of Cultures*, New York, Basik Books, 1973.

Ghorra-Gobin, C., *Les États-Unis, entre local et mondialisation*, Presses FNSP, 2000.

Goldsmith, E. et Mander, J., *Le Procès de la mondialisation*, Fayard, 2001.

Hannerz, A., *Transnational Connections : Culture, People, Places*, New York, Routledge, 1996.

Harvey, D., *The Condition of Postmodernity. An Enquiry into the Origins of Cultural Change*, Cambridge (Mass.), Basil Blackwell, 1989.

Heissbourg, F., *L'Hyperterrorisme. La nouvelle guerre*, Odile Jacob, 2002.

Hermès, Frontières en mouvement, n° 8-9, éd. du CNRS, 1990.

Hermès, Espaces publics en images, n° 13-14, éd. du CNRS, 1994.

Hermès, Espaces publics, traditions et communautés, n° 10, éd. du CNRS, 1992.

Hobfbawm, E. et Ranger, T. (dir.), *The Invention of Tradition*, New York, Columbia University Press, 1983.

Laforest, G., *De l'urgence*, Montréal, Boréal, 1995.

Laïdi, Z., *Malaise dans la mondialisation*, Textuel, 1997.

Levi-Strauss, C., *L'Identité*, Grasset, 1977.

Lucas, D. et Tiffreau, A., *Guerre économique et information. Les stratégies de subversion*, Ellipses, 2001.

Marcuse, H., *Culture et société*, Minuit, 1970.

Mattelart, A. et M., *Histoire des théories de la communication*, La Découverte, 1995.

Mattelart, A., *La Mondialisation de la communication*, QSJ, 1996.

Mattelart, A., *Histoire de la société de l'information*, La Découverte, 2001.

Miège, B., *Les Industries du contenu face à l'ordre informationnel*, PUG, 2000.

Moreau Defarges, P., *La Mondialisation*, PUF, « Que sais-je ? », 1998.

Montbrial de, T., *Pour combattre les pensées uniques*, Flammarion, 2000.

Nouss, A., *La Modernité*, QSJ, 1995.

Pantz, D., *Institutions et politique commerciale internationale : du GATT à l'OMC*, Armand Colin, 1998.

Plenel, E., *La Découverte du monde*, Stock, 2002.

Rainelli M., *L'Organisation mondiale du commerce*, La Découverte, 2002.

Rioux, J.-P. et Sirinelli, J.-F. (éd.), *Pour une histoire culturelle*, Seuil, 1997.

Saïd, E., *Culture and Imperialism*, New York, Wintage Books, 1993.

Schiller, H., *Living in the Number one Country*, New York, Seven Stories Press, 2000.

Senaclens, P. de, *La Mondialisation, théories, enjeux, débats*, Armand Colin, 2002.

Seyla, B. (dir.), *Democracy and Difference : Contesting the Boundaries of the Political*, Princeton-New York, Princeton University Press, 1995.

Sfez, L., *Critique de la communication*, Seuil, 1988.

Shety, Simon, « L'Île de la Tortue », dans *Hybridité culturelle*, Montréal, 1991.

Sirinelli, J.-F., *Aux marges de la République*, PUF, 2001.

Sirinelli, J.-F. et Rioux, J.-P., *Le Temps des masses*, t. IV de *Histoire culturelle de la France*, Seuil, 1998.

Soros, G., *Guide critique de la mondialisation*, Plon, 2002.

Stiglitz, J.E., *La Grande Désillusion*, Fayard, 2002.

Taxil, B., *L'OMC et les pays en développement*, Montchrestien, 1998.

Taylor, C., *Le Malaise dans la modernité*, Cerf, 1994.

Thual, F., *La Planète émiettée. Morceler et bâtir, un nouvel art de dominer*, Arléa, 2002.

Touraine, A., *Critique de la modernité*, Fayard, 1992.

Touraine, A., *Qu'est-ce que la démocratie ?*, Fayard, 1994.

Touraine, A., *Pourrons-nous vivre ensemble ? Égaux et différents*, Fayard, 1997.

Université de tous les savoirs, *Qu'est-ce que la culture ?*, Odile Jacob, 2001.

Vilain, P., *Les Chrétiens et la mondialisation*, Desclée de Brouwer, 2002.

Walser, M., *Traité sur la tolérance*, Gallimard, 1998.

Warnier, J.-P., *La Mondialisation de la culture*, La Découverte, 1999.

Wolton, D., *Internet, et après ? Une théorie critique des nouveaux médias*, Flammarion, 1999, rééd. « Champs », 2001.

Yengo, P. (dir.), *Identités et démocratie*, L'Harmattan, 1977.

Chapitre 2

Identité, culture, communication, le triangle explosif du XXIe siècle

Cultures d'ici, cultures d'ailleurs

Des messages de plus en plus nombreux, et circulant de plus en plus rapidement, élargissent la vision du monde et obligent les individus à accroître leurs connaissances, et donc à modifier leurs systèmes d'interprétation. La culture devient ainsi un enjeu pour *interpréter* un monde de plus en plus accessible, mais instable.

J'entends par « culture » non pas la « culture cultivée » mais la culture au sens large : ce qui fait signe dans la réalité sociale, qui permet de comprendre le monde, d'en parler, et qui est partagé par les autres. Cette culture « élargie » est différente selon les continents, et n'a pas le même sens selon les pays.

Il y a en réalité trois phénomènes. Un élargissement du patrimoine culturel commun, ce qui est un progrès, mais qui demande du temps pour être assimilé. Une place et un rôle beaucoup plus important de la culture moyenne comme acquis de la démocratie de masse, et qui demande aussi du temps pour être intégré. Un bouleversement des identités culturelles, des cadres d'interprétation et des repères. Tout bouge, et dans tous les sens. Et ce déséquilibre culturel est encore plus violent pour les pays les plus pauvres, en général du Sud, qui doivent à la fois gérer ce maelström et s'accrocher à la modernité, sans toutefois sacrifier leurs traditions.

Or tous ces phénomènes ne vont pas dans le même sens. Le renforcement d'une culture d'élite au niveau mondial bénéficie *directement* des avantages des industries culturelles et de la communication. On le voit par exemple avec les festivals de musique, le cinéma… L'émergence d'une sorte de culture moyenne liée aux progrès de la démocratie mord en partie sur la culture du patrimoine, notamment avec les voyages, mais intègre les éléments de la modernité. Cette culture de la modernité, dynamique, en partie pleine de promesses, peut aussi être un réservoir de contestation face à l'absence de *sens* du monde contemporain. Et enfin demeure un ensemble beaucoup plus éclaté d'éléments culturels qui n'ont pas la même signification ni la même place selon les pays, et qui servent à « bricoler » un rapport de plus en plus compliqué entre tradition et modernité.

De même qu'il est fondamental de ne pas confondre la mondialisation des techniques avec la mondialisation de la communication, de même il est essentiel de ne pas confondre la mondialisation des industries culturelles avec ce qui serait la culture mondiale. *Un patrimoine culturel mondial émerge, mais non une culture mondiale.* Et c'est bien parce qu'il y a déséquilibre entre l'omniprésence des industries culturelles et l'absence de réalité d'une culture mondiale que la mondialisation des industries culturelles pose problème.

L'exemple le plus criant est sans doute la pauvreté des analyses sur la *concentration* des industries culturelles. On a l'impression que la culture est toujours un problème pour demain. Cette absence de réflexion sur les problèmes de la mondialisation de la culture est un handicap fondamental pour penser les aspects positifs autant que les dangers de ces industries.

La mondialisation de la culture n'est ni un fait, ni une valeur, ni un idéal ; elle est *une épreuve à penser*. En effet, la question de la diversité culturelle, celle du multiculturalisme, celle de l'exception culturelle ne sont plus des questions de « riches », mais bien les conditions de la paix de demain. Hier on pouvait dire que la culture venait *après* d'autres dimensions essentielles de la vie collective comme l'alimentation, la santé, l'éducation. Aujourd'hui, avec la généralisation de la communication, tout le monde voit tout.

Et peu à peu, sait tout. Même les peuples les plus isolés voient passer régulièrement des photographes, sinon des équipes de télévision, venus chercher des images lointaines, d'ailleurs, empreintes d'exotisme et d'étrangeté. Pas un coin sauvage de la planète, pas un paysage, pas un animal et pas un homme que l'on ne retrouve ensuite dans des livres de photos, des reportages, des expositions, des émissions de télévision à New York, Londres, Singapour ou Buenos Aires. Si les habitants les plus reculés de la planète, qui n'ont aucun contact régulier avec la civilisation, savaient combien ils sont présents dans les kiosques des pays riches, dans les programmes de télévision, ils seraient bien étonnés... En réalité, tout le monde est « dans le monde », sans pour autant y être physiquement.

Sans parler des publicités pour Internet qui montrent que l'on peut communiquer aussi facilement de New York que du Sahara, du haut de l'Himalaya ou de l'Amazonie que du désert de Gobi. Tant mieux d'une certaine manière, car cela élargit la curiosité, mais cela donne aussi un peu le sentiment, illusoire, aux peuples riches du Nord principaux bénéficiaires de ce processus, qu'ils comprennent tout...

En tout cas, la plus grande partie du monde est immergée dans la mondialisation des informations. La relation au monde extérieur fait immédiatement partie de l'expérience de tous. Pour chacun, la culture extérieure percute donc directement la sienne, et c'est néanmoins avec celle-ci que chacun doit essayer de domestiquer ces réalités « extérieures ».

Le « dialogue des cultures » est d'une certaine manière quotidien dans la tête de chacun d'entre nous... Cela ne fait pas une culture commune, mais plutôt une sorte de « mosaïque » d'expériences culturelles communes. Le sentiment est qu'il n'y a plus d'« extériorité ». Ainsi, chacun dans le monde sait qu'il peut être affecté par des événements – politiques, climatiques, économiques, religieux – totalement extérieurs à sa vie. Et cela est souvent ressenti comme une menace.

Nul doute, par exemple, que les différents krachs économiques qui ont secoué la planète depuis 1996 en touchant successivement la Thaïlande, le Mexique, l'Argentine, et en déstabilisant des pays entiers ont un impact culturel considérable, même s'il est difficile à évaluer. Tout est à la fois possible, sans que l'on puisse ni éviter, ni maîtriser, ni comprendre. Et la vitesse de l'information accentue à la fois le sentiment que l'on est « au balcon du monde », sans trop savoir, si ce n'est avec l'intuition, que tout cela est probablement plus dangereux que pacifique. La culture devient un enjeu mondial, au sens où chacun sent combien sa vision du monde ne dépend plus de lui, et sera toujours fragile.

Face à cette nouvelle réalité, il existe peu d'éléments de culture normative pour tenter d'ordonner un monde de plus en plus instable... Le décalage est réel entre la violence, le côté aléatoire des événements mondiaux, la vitesse de transformation du monde, les déstabilisations qui en résultent, pour chacun d'entre nous, et ce que l'on peut réellement comprendre. Ainsi la culture devient-elle un enjeu politique. *Organiser la cohabitation culturelle, c'est assurer un minimum de compréhension mutuelle pour amortir les effets de la mondialisation.*

Pour le moment, les différentes formes de culture ne sont pas affectées de la même manière par la mondialisation de la communication : la plus aisément mondialisée est la culture de l'élite. Elle est « mondiale » parce que les élites du monde entier ont à peu près les mêmes goûts culturels. Ce qui explique leur tendance à parler facilement de « culture mondiale », et même de « cosmopolitisme », car cela se passe dans le même petit milieu.

La culture de masse liée à la démocratisation et aux médias fait aussi assez bon ménage avec la mondialisation. En revanche, ce qui est lié aux *identités territoriales*, à l'histoire, aux identités nationales, aux langues, aux savoir-faire, à la vie quotidienne, aux styles, aux rythmes, et qui est souvent menacé par la mondialisation économique, se retrouve en porte à faux.

Le vrai changement, avec la mondialisation de la communication, c'est que les cultures s'exportent, bougent, ne sont pas seulement liées à des histoires et à des territoires. C'est un facteur formidable d'ouverture culturelle que l'on constate dans tous les pays, où les cultures « d'ailleurs » s'installent. Longtemps la culture américaine a été celle qui s'exportait le plus. Mais aujourd'hui c'est aussi le cas pour les cultures d'Afrique, d'Amérique latine, d'Inde... En un demi-siècle beaucoup de fragments de culture appartenant à différentes identités nationales ont circulé, dépassé leurs frontières et touché tous les milieux sociaux. Les techniques de communication favorisent ces exportations, liées d'ailleurs à la démocratisation des voyages, le rôle des médias et l'industrie de la musique. Cette dimension de « mini-métissage » est importante depuis une quarantaine d'années et contribue, à son échelle, à une certaine sensibilisation mutuelle. Le fait qu'elle est en bonne partie commandée par des enjeux économiques n'est pas gênant : personne n'en est dupe ; depuis toujours la culture est liée à l'économie. Il suffit de rappeler l'importance du marché spéculatif de la peinture depuis la Renaissance pour savoir que culture et économie sont, depuis longtemps, solidaires. La culture, comme la communication, a toujours eu cette double dimension : économique et émancipatrice.

L'illusion cosmopolite

Un autre phénomène, moins visible, se profile, expliquant pourquoi la culture devient un enjeu politique : le sentiment d'un risque de *dépossession*. L'attrait pour les cultures modernes, souvent occidentales, suscite dans un deuxième temps un besoin d'étalonner cet apport extérieur, à l'aune de ses propres références culturelles. Les pays riches ne sont pas assez sensibles à ce processus, car ils ont une réelle stabilité culturelle. Ils s'ouvrent à d'autres cultures, font des emprunts, mais sont dans une situation culturelle somme toute confortable ! Plus vous êtes riches, plus vous pouvez intégrer les apports extérieurs aux cadres habituels. Plus vous êtes pauvres, moins vous maîtrisez les changements, et moins il est possible de préserver ce que l'on appelle par ailleurs la « culture ». Certes les dominés ne restent pas passifs ; ils recombinent eux aussi les éléments culturels qui leur sont imposés, mais ils sont évidemment dans une situation plus défavorable. Et c'est à ce sentiment de dépossession, de perte de repères, au niveau du pays entier, voire d'aires culturelles, qu'il faut être sensible.

L'*idéologie moderniste*, qui nous abreuve d'ouverture, de nomadisme, de cosmopolitisme, de métissage, au mieux refuse de voir le problème, au pis le disqualifie, en parlant de « comportement conservateur ». Mais, surtout, elle ne résout pas la question de l'Autre, puisqu'elle ne parle que de « mélange », ce qui est une habile façon de nier l'altérité. Le « cosmopolitisme mondial » est un leurre qui concerne une toute petite élite, celle qui voyage et accède aux mêmes médias, partage les mêmes habitudes, les mêmes pratiques culturelles, bref un « cosmopolitisme d'aéroport ». Il faut être attentif à ne pas confondre ce tout petit milieu, même s'il est très visible, avec le reste du monde. Il y a de toute façon un paradoxe : ce milieu, qui ne cesse de stigmatiser les identités d'un autre âge et de vanter des vertus du métissage, est en réalité lui-même très identitaire et très attentif à ses privilèges. Que dirait-il si on lui imposait de changer ? Il y a deux poids, deux mesures : d'un côté ceux qui parlent des vertus du cosmopolitisme sont évidemment ceux qui profitent du mouvement de mondialisation ; de l'autre ceux qui le subissent en sont critiques et regardent plutôt du côté des identités culturelles et nationales, pour résister. Autrement dit, selon l'endroit où l'on est face à la mondialisation, on n'a pas le même regard sur les vertus du métissage.

Il n'y a pas de cosmopolitisme, sauf pour ceux qui en profitent. Et le cosmopolitisme est moins une avant-garde qu'un moyen de distinction et de hiérarchie sociale. Cette idéologie du citoyen mondial est réellement celle des gens « d'en haut », de ceux qui, de toute façon, ont par ailleurs une identité bien construite et peuvent braconner à droite et à gauche, sans crainte d'être déstabilisés. *Les élites sont mondialistes et les peuples, naturellement, sont nationalistes.* C'est encore plus vrai quand les identités nationales sont bousculées par la mondialisation, et qu'elles sont, surtout dans le Sud, la seule chose qui reste.

Regardons comment les Argentins ont réaffirmé leur appartenance nationale après l'effondrement économique de l'année 2001 et les leçons humiliantes, comme d'habitude, du Fonds monétaire international (FMI). Même dans le Nord, la réalité nationale n'est jamais loin derrière le cosmopolitisme. Il suffit de voir la réaction extrêmement *nationa-*

liste des Américains après le 11 septembre 2001 pour comprendre qu'il y a loin du modèle de la société ouverte à la réalité du repli sur soi.

Cette incapacité à voir les limites idéologiques du discours sur le cosmopolitisme mondial permet d'évoquer une nouvelle « trahison des clercs », j'entends par là celle des élites « cultivées ». Il y a d'ailleurs un paradoxe : tout le discours sur la culture cosmopolite ignore la leçon de l'histoire. Il n'y a jamais de création que singulière, liée à des identités, à une langue, à un territoire… comme le montre abondamment l'histoire de la littérature, de la philosophie, de l'art. La culture mondiale est la somme, *a posteriori*, de ces différences. Cosmopolitisme et culture mondiale sont les deux faces du même problème, celui d'une élite qui, tout en gardant jalousement ses privilèges identitaires très hiérarchisés, ne cesse de parler de la mondialisation tout en gérant farouchement la hiérarchie des codes culturels distinctifs…

Ce qui est en cause est ce statut « d'avant-garde » dont les élites s'affublent. Et comme cet élitisme n'a pas été remis en question, avec la démocratisation et la culture de masse dans les année 60, il est, à l'heure de la mondialisation, encore plus arrogant. Cela risque de creuser un peu plus le fossé entre les élites et le reste des citoyens, moins cultivés.

Le retour de la politique

On le voit, la question culturelle échappe à l'élite ; d'une certaine manière elle se démocratise, se socialise et peut devenir un enjeu politique. La culture n'est plus seulement liée à des territoires, elle peut être en réseaux, appartenir à des groupes particuliers, ou être revendiquée comme un facteur politique. Elle devient plus mobile, dépend d'acteurs économiques, religieux et sociaux. Tout cohabite et tout circule plus vite. Il y a là un élargissement incontestable du sens et des enjeux culturels. Tout ce qui fait sens dans une perception et une interprétation du monde, et qui est partagé par un certain nombre, peut devenir un fait culturel. *Tout enjeu culturel peut devenir un enjeu politique.*

Là est le grand changement des rapports entre culture et communication. La culture était déjà devenue une norme politique dans les luttes contre la colonisation et pour l'indépendance politique entre 1940 et la fin du siècle, mais le phénomène est aujourd'hui beaucoup plus vaste et imprévisible.

Avec la mondialisation de la communication, la culture devient constamment une ressource politique. Et toute activité sociale peut être investie d'une dimension culturelle. Des styles de vie à la mémoire, de la création aux traditions, des objets aux paysages, des bâtiments aux célébrations, des arts de la table aux cérémonies familiales, des activités marchandes aux systèmes d'éducation, tout peut acquérir une signification culturelle, et donc politique – soit comme symbole de la modernité et de la mondialisation, soit comme refus d'un certain style de mondialisation.

Cette place croissante de la culture est évidemment liée à l'évolution du niveau d'éducation, du niveau de vie, des styles de communication, des voyages. Ce n'est pas seulement l'émergence d'une culture de masse moyenne, c'est aussi la visibilité d'éléments épars de culture, qui circulent, fusionnent, disparaissent, expriment une sensibilité, une époque, une région. On pourrait parler d'éléments d'une « culture moyenne mondiale », s'il existait un espace public mondial, des références linguistiques et historiques communes. Cela n'est pas le cas, sauf pour une partie de la population, distincte de l'élite culturelle et liée, notamment, à tous ceux qui, beaucoup plus nombreux qu'hier, pour des raisons professionnelles ou de tourisme, circulent. L'essor du transport aérien l'atteste. Il existe des éléments épars d'une culture moyenne mondiale à venir, mais sans l'existence d'un ciment interprétatif commun. Si la communauté internationale reconnaissait l'importance de la cohabitation culturelle comme enjeu politique, il serait possible, peu à peu, de recenser ces éléments d'une culture moyenne mondiale, perceptible notamment à travers les *news magazines*, et qui est autre chose que la culture d'élite dont nous avons parlé. D'une certaine manière cet *élargissement* de la culture vers quelque chose d'ouvert, d'éclaté et de dynamique est utile pour mieux *appréhender le monde ou le critiquer*. L'anti-mondialisation, par exemple, est une forme de culture car elle exprime une réaction et construit un rapport au monde. Ce n'est pas encore une idéologie, ce qui supposerait une systématisation des raisonnements et des attitudes que l'on ne constate pas pour le moment chez la plupart des militants antimondialistes. La différence entre culture et idéologie est ici importante. *D'ailleurs la capacité critique, tous azimuts, devient l'un des acquis de la modernité et de la communication.* On cherche ce qui fait sens et lien, ce qui à la fois différencie et unit. Le mouvement occidental d'affirmation critique se transpose, voire se généralise, en alimentant un processus culurel nouveau, à la fois d'ouverture et de critique de la modernité.

Le lien plus fort, et en même temps aléatoire, entre culture, communication et politique constitue ainsi le vrai changement. Il paraît paradoxal si on le compare, par exemple, avec l'écologie. Autant l'émergence de l'écologie comme enjeu politique se traduit par le fait d'*unifier* les problèmes du monde, autant la culture comme enjeu politique se traduit par l'inverse, à savoir la prise en compte d'une *immense diversité.* La mondialisation a des effets différents selon les aspects de la réalité. Parfois elle unit, parfois elle oblige à plus d'ouverture. Concernant la culture au sens large, la mondialisation, en déstabilisant toutes les identités, en rendant plus visibles les inégalités, en accentuant le poids de la modernité, crée des déséquilibres. Après la séduction de l'ouverture apparaît le besoin de retrouver ce qui fait sens pour soi : l'identité culturelle devient alors un phénomène central. Ainsi ne faut-il jamais sous-estimer les revendications culturelles, sinon elles deviennent les antichambres de la révolte.

Les Européens l'ont constaté dans le bref temps de la colonisation, et l'Occident le constate à nouveau avec le rejet croissant d'une partie de l'identité culturelle occidentale au niveau mondial. Même si tout le monde circule dans les mêmes voitures, s'habille de manière identique, consomme les mêmes musiques, les mêmes images et les mêmes informations, cela ne signifie nullement une homogénéisation des cultures. Au contraire, plus les modes de vie se ressemblent, plus les différences culturelles prennent d'importance – notamment dans des symboles et des signes inattendus.

L'Iran, n'était-il pas en 1979 le plus moderne des États arabes ? La révolution fondamentaliste de 1979 est l'événement *inaugural* du surgissement de la culture comme enjeu politique mondial. Les États-Unis avaient cru que la modernisation, au sens occidental du terme, était la solution pour cette civilisation raffinée et ancienne. La violence de la révolution iranienne puis les succès des fondamentalismes musulmans dans le monde illustrent bien l'émergence de la culture comme défi politique mondial, et la nécessité de construire la cohabitation culturelle. On peut avancer que la mondialisation, en brassant encore plus les identités, les références, les vocabulaires, ne sera pas un facteur de stabilité mais plutôt d'instabilité. L'idée de métissage, de cosmopolitisme... est peut-être un thème amusant, et à la mode, pour quelques élites mondiales qui voyagent, travaillent et vivent confortablement, mais cela ne correspond *nullement* à l'expérience de millions d'individus.

La culture, qui a toujours été un moyen pour interpréter le monde, est aujourd'hui entraînée dans la dynamique de la communication, sans pour autant s'y identifier. Autrement dit, si culture et communication sont dans une logique beaucoup plus dynamique qu'il y a cinquante ans, les rythmes restent différents, ainsi que la hiérarchie des valeurs. Et tout est finalement plus aléatoire. Probablement cette perte de repères permettant d'identifier ce qui est, à un moment donné, considéré comme culturel, est-elle le plus grand changement. Puisque les messages communiqués sont sans cesse plus nombreux et plus rapides, il faut que les *récepteurs*, qui ne sont jamais neutres, développent les outils cognitifs nécessaires pour filtrer, appréhender, hiérarchiser, accepter, refuser ces informations. Il y a là, au niveau mondial, une transformation radicale de l'activité culturelle à appeler de nos vœux. C'est-à-dire une sensibilité à développer pour mieux comprendre la manière dont les individus et les collectivités peuvent gérer ce rapport différent entre culture et communication.

La proportion entre la part de ce qui est stable, lié au stock et au patrimoine, par rapport à ce qui est mobile, dynamique, lié à l'esprit du moment, n'est plus la même. *La communication a influencé le statut de la culture dans un processus*

constant d'ouverture et de socialisation. Mais tous n'en profitent pas de la même manière. Le risque est celui de l'enfer-
mement de certains dans ce que j'appelle la culture-refuge,
dès lors qu'ils ne trouvent plus leur place dans l'espace
public. Il faut éviter *la spirale du silence* où les individus et
des groupes se replient sur eux-mêmes et se taisent. Une
culture plus dynamique, en rapport avec une communication
plus ouverte, permet aux individus de s'exprimer. Encore
faut-il qu'ils ne se sentent pas exclus de la société et de la
modernité. C'est là que la multiplication des techniques crée
aujourd'hui une responsabilité culturelle et politique. Il ne
suffit pas qu'il y ait des tuyaux, il faut que les différents seg-
ments de la société puissent s'y retrouver, sinon la communication n'assume plus son lien social. En cela le discours
libéral sur la communication – « trouve ce que tu veux, où tu
veux » – n'a pas de sens. D'abord parce que cette multiplication de canaux oblige les spectateurs à savoir à l'avance ce
qu'ils recherchent, et à payer pour l'obtenir. Ensuite parce
qu'il faut une politique et une orientation pour que cette
abondance de communication ne serve pas tout simplement à
renforcer les privilèges de ceux qui en ont déjà…

Pour l'instant, par exemple, on voit la conséquence de
cette spirale du silence, à travers la montée de ceux qui ne se
sentent plus représentés dans l'espace public contemporain.
Et le surgissement ces dix dernières années en Europe de
mouvements populistes atteste ce décrochage. Les partis officiels ont été incapables d'entendre cette revendication, beaucoup trop rapidement assimilée à l'extrême droite. Au lieu
d'analyser l'événement tel qu'il surgit, on code avec le vocabulaire ancien une situation nouvelle, qui demande à être
comprise dans un autre contexte. Demain on risque d'avoir la
même spirale avec les communautés étrangères, vivant et tra-
vaillant en Europe, comme celle, d'origine musulmane, trop
écartée de toute représentation culturelle, sociale et politique. Après cinquante ans, pendant lesquels les immigrés
ont *directement* contribué à la construction de l'Europe, sans
jamais en obtenir une réelle reconnaissance, il n'est pas
impossible que ceux-ci sortent de leur sage silence. C'est
tout l'enjeu de nos sociétés multiculturelles où le système de

la *représentation* politique, des médias et, plus largement, des institutions ne reflète pas la réalité socioculturelle.

Nous sommes des sociétés de *blacks*, de *blancs*, de *beurs* dont toutes les formes de représentations, et même de visibilité, sont presque exclusivement *blanches*... C'est en cela que communication et culture sont liées. Si la communication sociale et culturelle ne reflète pas l'hétérogénéité sociale, les groupes « non visibles » s'effacent, sans faire de bruit, en attendant de faire retour, ultérieurement, avec fracas. En réalité nous vivons sur une sorte de volcan culturel..., car tout est plus compliqué et dynamique. Or, face à l'instabilité, la tentation est grande de ne pas vouloir faire évoluer sa vision du monde. Il faut cependant qu'elle change, car tout continue à bouger. Hier la tradition s'opposait à la modernité et leur conflit donnait un sens à la société. Aujourd'hui tout est modernité, sans qu'il y ait pour autant de points de repères culturels pour l'organiser.

Un concept central : l'identité culturelle collective

La mondialisation de la communication a en réalité deux conséquences, aussi importantes l'une que l'autre : le renforcement du lien entre culture et communication, mais aussi l'émergence d'une nouvelle problématique de l'identité culturelle *collective*. Certes celle-ci a toujours existé, mais, depuis un demi-siècle, l'accent tant du point de vue commercial que du mouvement des idées et des revendications politiques a été mis sur la valorisation des identités culturelles *individuelles*. La recherche de la liberté individuelle l'a toujours emporté : « Sois toi-même, libère-toi des contraintes culturelles collectives et trouve ta propre identité. » Bien sûr, la logique économique a soutenu ce mouvement d'individualisation culturel et politique, car il était la source d'autant de marchés qu'il y avait d'individus solvables...

On a assisté au même phénomène dans l'ordre de la communication. La réticence qui a toujours existé, surtout de la part des élites, à l'égard des médias de masse, accusés d'abrutir les peuples, s'est traduite par un intérêt croissant pour la diversification des médias avec le câble, puis le satellite et la fibre optique. Le progrès technique et la logique économique ont permis, avec l'augmentation du nombre des chaînes gratuites ou payantes, un paysage audiovisuel beaucoup plus différencié. L'individualisation des demandes, liée à l'élévation du niveau de vie et de la curiosité culturelle, a trouvé dans la segmentation des médias un moyen de lutter contre la standardisation des goûts et des comportements. Bref, tout, du point de vue politique, culturel et économique, a consisté à valoriser le mouvement d'individualisation lié à l'idée d'« émancipation » à l'égard du groupe, de la communauté, de la famille, de la classe sociale.

On a ainsi assisté à l'apparition simultanée de deux phénomènes contradictoires, caractéristiques de la modernité : l'émergence de la société de masse, avec ses qualités et ses défauts, et une extrême valorisation du thème de la liberté individuelle, surtout dans les domaines de la culture et de la communication. C'est cette réalité que j'ai appelée *la société individualiste de masse* dans laquelle chacun essaie de gérer ces deux dimensions contradictoires. Cette réalité caractérise le fonctionnement *interne* de la société, et chacun, à sa manière, s'en arrange selon ses traditions. Mais dans tous les cas il y a cette tension entre deux aspirations, individuelle et collective. Au plan mondial, le problème est tout autre. La fin de l'affrontement Est-Ouest, avec les idéologies qui l'accompagnaient, a provoqué un effritement des identités collectives, agravé par la mondialisation économique. Le besoin d'identité culturelle collective refait naturellement surface, mais il est immédiatement identifié à du nationalisme, et, de ce fait, suspect. Il y a donc une contradiction étonnante entre d'une part *une réalité mondiale qui se fragmente sur le plan culturel et social* et, d'autre part, *la persistance d'un discours qui reste suspect à l'égard de toute problématique culturelle collective et ne s'intéresse qu'aux individus*. En cela consiste le changement de statut de l'identité culturelle. À côté des identités culturelles individuelles on voit resurgir une revendication culturelle collective pour les langues, l'histoire, les traditions… C'est un moyen de contrebalancer l'extrême éclatement de nos sociétés. Le discours officiel reste celui de l'individualisme, alors que la fin des grandes références sociales et idéologiques, s'ajoutant aux désordres créés par la mondialisation, impose de renouer avec des identités culturelles collectives. Deux exemples : le premier, tragique, avec la guerre de Yougoslavie où la fin du communisme a balayé un demi-siècle de fragile cohabitation culturelle ; le deuxième, plus pacifique, avec la multiplication, en Europe, des festivals culturels, dont par exemple le festival celtique de Lorient, qui chaque année attire près d'un million de personnes.

Autrement dit, la revendication identitaire se fait sur un mode collectif, avec ce phénomène *nouveau* : par rapport à ce que nous avons connu ce dernier demi-siècle, il s'agit d'une identité culturelle collective qui passe plus explicitement qu'avant par la référence à une problématique politique. L'identité culturelle individuelle était un *fait de société*. L'identité culturelle collective est directement un *fait politique*.

Avec l'identité culturelle on est toujours sur le fil du rasoir. Soit on renouvelle une réflexion politique sur les rapports entre culture et société à l'heure de la communication généralisée, et l'on refonde une problématique de l'identité culturelle collective, à l'échelle des États-nations, et des aires culturelles, soit on échoue à penser un *nouveau* rapport à l'identité culturelle collective, et l'on retrouve les risques d'éclatement en multiples communautés ainsi que le surgissement de conflits politiques.

Pour l'instant cette revendication d'identité culturelle collective naissante cohabite avec d'autres dimensions sociales ou culturelles. On y trouve trace à la fois de la mondialisation, de l'ouverture des sociétés les unes sur les autres, d'un certain désengagement par rapport à la logique dominante de la modernité, et souvent une critique plus ou moins implicite du discours « politiquement correct » favorable à la mondialisation.

L'*identité culturelle collective* prend en compte deux caractéristiques importantes. D'une part le mélange entre la culture au sens classique du patrimoine, et la culture comme cet ensemble d'informations, de connaissances, d'intuitions… essentielles pour se repérer dans le monde contemporain. D'autre part, elle comporte une dimension collective qui souhaite intégrer l'hétérogénéité de la société.

L'émergence de l'identité culturelle collective est donc bien quelque chose de différent de ce qui existait hier et qui se ramenait souvent au nationalisme. Ce que l'on appelait nationalisme a été modifié et complété par les trois apports contemporains de la modernité, de la communication et de la politique. Les revendications culturelles identitaires d'hier étaient plus liées à une certaine tradition qu'à une acceptation de la société contemporaine. Aujourd'hui, par son côté à la fois collectif, dynamique, ouvert sur la modernité, revendicatif, culturel au sens large, cette forme d'identité culturelle collective, qui surgit au sein des États-nations, doit être pensée pour elle-même et non identifiée trop rapidement aux souvenirs nationalistes.

En revanche, elle réintroduit une problématique de la société de masse des années 60. Celle-ci avait été vécue à l'époque comme un progrès, avant d'être accablée ensuite de tous les maux, avec la montée de l'individualisme. On y retrouve certaines références qui supposent l'existence d'une société contemporaine où règne un principe d'égalité. En fait, l'identité culturelle collective ne renvoie pas à la culture d'élite, mais à la culture moyenne, au sens de la culture du plus grand nombre. Elle réunit des individus qui ne sont ni marginalisés, ni dominants, mais qui se sentent à la fois inscrits dans la société contemporaine et « écrasés par le rouleau compresseur » de la modernité.

Nous pensons donc que ce retour du collectif est un acquis *positif* de la société de masse. Il ne faut pas oublier que cette société a permis une élévation des niveaux de vie, des connaissances, et finalement une ouverture sur le monde inédites jusque-là. Autrement dit, si la société de masse a été un facteur de destruction rapide des traditions, elle a aussi été un processus collectif dont l'expérience se révélera utile face à la mondialisation. Et c'est ce point que nous voudrions souligner. Face aux pertes de repères culturels, provoquées notamment par la mondialisation, l'existence de la société de masse et celle de la culture moyenne constituent des contrepoids à la déstabilisation. Face au tohu-bohu de la modernité, la société individualiste de masse constitue un point de repère. Ayant valorisé, depuis un demi-siècle, la liberté et l'égalité, l'épanouissement individuel et l'appartenance à une société de masse, ce type d'organisation sociale se trouve être assez naturellement le lieu du retour d'une problématique de l'identité culturelle collective.

Certes, l'orientation politique de cette *identité culturelle collective* en gestation est encore à déterminer. Elle peut soit retrouver les traces de luttes politiques antérieures liées à la démocratie, où l'identité culturelle est inséparable d'un projet social et politique qui la transcende. Soit renforcer le courant politique du communautarisme, pour lequel un principe d'organisation sociale peut être à lui seul le regroupement des communautés par liens affectifs, de sang, d'intérêt. Et là sont les deux grands dangers : l'excès de *communautarisme* ou l'*irrédentisme identitaire*. Dans les deux cas, une sorte d'indifférence pour la problématique plus générale de la société.

Résumons-nous. Face à l'émergence de l'*identité culturelle collective* qui est, rappelons-le, un progrès par rapport à la problématique culturelle individuelle des quarante dernières années, il y a *cinq scénarios* :

Nier l'importance de cette nouvelle forme d'identité au profit de l'idéologie moderniste qui ne reconnaît pas d'autres identités que la sienne. *Inscrire* ce mouvement dans celui du communautarisme – c'est alors accepter un modèle de société où il n'y a pas d'autre principe fédérateur que la simple cohabitation des communautés. *Rabattre* un problème nouveau sur la référence ancienne et repousser à plus tard les inévitables aggiornamentos. *Privilégier* une approche en lien avec les industries culturelles – c'est alors confondre la logique économique de la diversité culturelle avec la complexité des enjeux politiques et sociaux. Enfin, *ouvrir* une réflexion sur cette nouvelle aspiration qui mêle les deux dimensions individuelle et collective de la culture et qui reconnaît l'importance d'un projet politique encore en germe.

Un triangle explosif

Les rapports entre identité, culture et communication sont en train de devenir un triangle explosif. Notamment parce que la fin du conflit Est-Ouest, laissant le monde sans affrontement idéologique « officiel », a redonné toute leur place à des facteurs oubliés sous le glacis de la guerre froide. Leur importance est réactivée par la mondialisation économique et par celle des systèmes d'information. Un discours politique évitera peut-être ces trois dérives : irrédentisme culturel, multiculturalisme, communautarisme. Pourquoi ? Parce que introduire la politique, c'est relier l'identité – linguistique, religieuse, géographique – à une problématique générale, celle de la société. La politique oblige à mettre en rapport et à hiérarchiser aspirations et contradictions.

La question est de savoir comment les problèmes de ce triangle, qui reflète des *enjeux nouveaux*, seront posés et débattus au sein des espaces publics, car il est indispensable de pouvoir discuter les différentes manières de résoudre l'émergence de ces aspirations contradictoires. En un mot, il faut que les acteurs politiques reconnaissent qu'il s'agit de questions importantes pour l'équilibre des sociétés de demain, mais surtout que ces questions ne peuvent être réglées par les seules logiques techniques ou économiques.

Résoudre la question du nouveau rapport entre identité culturelle et communication n'est pas d'abord un problème de nouvelles techniques, ni d'économie culturelle et de communication. *Il faut penser* une catégorie intellectuelle encore inédite qui corresponde à ces nouveaux rapports entre communication, culture et identité culturelle et qui permette de *distinguer* les enjeux techniques et économiques des enjeux plus politiques.

Il y a eu certes des débats sur la démocratisation de la culture, sur le devenir de la culture d'élite – l'émergence de la culture de masse –, mais à partir des années 80 ces débats se sont dépolitisés. La tendance était à la libération individuelle. Et l'arrivée des nouvelles techniques de l'information et de la communication n'a fait qu'accentuer le mouvement. Les miracles techniques et les possibilités de profit ont marginalisé toute une réflexion sur les enjeux collectifs de la communication. Et le thème des « autoroutes de l'information » et de la « société de l'information » a donné le sentiment qu'une manière de résoudre nos contradictions serait de généraliser les réseaux. En technicisant la politique et la communication, on évitait *de facto* une réflexion sur la société.

La difficulté aujourd'hui, aussi bien pour les pays du Nord que pour ceux du Sud, vient du fait qu'il faut réfléchir avec trois paramètres : identité, culture et communication. Cela bouleverse non seulement les rapports entre les différents niveaux de culture (d'élite, de masse, moyenne ou populaire), mais aussi le rapport avec les liens sociaux, la société et la politique. Seule l'émergence progressive d'une *communication politique* contradictoire permettra d'éclairer un peu mieux cette question de l'identité culturelle collective, qui d'une certaine manière condense toutes les aspirations de nos sociétés : liberté et égalité, individualisme et attachement à une appartenance collective, ouverture et besoin de racines, modernité et peur de ne pas être dans la tradition, mondialisation et désir d'identité nationale.

Il y a des paradoxes à réexaminer. Pourquoi l'identité culturelle est-elle une réalité reconnue et légitime au Nord, alors qu'on s'en méfie au Sud ? Pourquoi, en matière culturelle, la *relation* entre tradition et modernité est-elle acceptée et considérée comme importante au Nord, alors qu'au Sud *seule* la modernité est envisagée comme progressiste ? En revanche, au Nord comme au Sud, on est confronté au choix entre deux conceptions de la mondialisation de la culture et de la communication : soit une conception *technique et économique* favorable aux industries, et qui apporte un type de solution aux relations du triangle infernal, soit une conception *humaniste et politique*, qui insiste plus sur la dimension universaliste de ces questions et sur la nécessité de construire une nouvelle culture politique. Le Nord, sensible à l'idéologie technique, a pensé que les nouvelles technologies de l'information et de la communication seraient une solution à la fois technique et politique. Rien n'est moins sûr, quand on voit l'effondrement de la nouvelle économie. Il faut souhaiter qu'après la mondialisation infantile de l'idéologie technique, on pense enfin en termes de contenu culturel l'apport de ces technologies. La question des nouvelles technologies serait alors la suivante : comment intégrer Internet dans des projets de société qui existent déjà ?

À cet égard, il faudra pouvoir clarifier les débats en jeu. Voir ce qui distingue « multiculturalisme » de « diversité culturelle » ou d'« interculturalisme », apprendre à différencier les traditions auxquelles ces mots se raccrochent, comprendre les flottements et les ambiguïtés qui les entourent. *Multiculturalisme* renvoie davantage au débat initié par les Canadiens dans les années 90, puis repris par les Américains et finalement peu ou prou par tous les pays, sur la question de la combinaison des multiples identités culturelles *au sein* des États-nations. L'expression *diversité culturelle* renvoie plutôt à une définition neutre, c'est-à-dire à l'obligation de prendre en compte la pluralité des cultures au plan international. *Interculturalisme* renvoie à une certaine conception du multiculturalisme. *Cohabitation culturelle*, que je préfère, indique à la fois l'obligation de penser le problème au plan international *et* une certaine modestie normative pour parvenir à cohabiter pacifiquement. Certes, on n'échappe pas à la polysémie, ni à la polémique, mais on peut y remédier en essayant de définir le sens que l'on donne à ces mots insaisissables, qui sont pourtant les seuls à notre disposition. Que l'on se souvienne par exemple des débats byzantins qui, pendant un siècle, ont eu lieu autour des classes sociales, du rapport entre classe et parti, entre conscience et action… et l'on verra combien la perception de l'importance politique des questions concernant le rapport culture et communication est encore faible. Quand on voit les débats qui depuis trente ans entourent la question du multiculturalisme *au sein* des États-nations, on n'ose imaginer ceux qui apparaîtront quand on parlera de la cohabitation culturelle *entre* les États-nations…

En réalité, l'absence de débat sur ces mots, pourtant essentiels à la réalité contemporaine, illustre, d'une certaine manière, l'emprise du discours moderniste. Comme si tout était simple dans les rapports entre culture et communication ! Un exemple de cette complexité ? L'absence de toute référence explicite à la communication dans la réflexion sur le développement durable menée, en septembre 2002, à la conférence de Johannesburg. La diversité culturelle n'y fut évoquée que comme un élément de la bio-diversité… Si la terre, l'eau et l'éducation sont aujourd'hui reconnues comme des conditions indispensables du développement durable, ce n'est pas encore le cas de la culture ou de la communication. Pourtant la maîtrise de la communication, celle des grands réseaux d'information, est une condition politique indispensable à l'autonomie, et donc au développement.

Cette absence de référence illustre en fait un paradoxe. On vient de subir pendant vingt ans un discours commercial et idéologique sur la société de l'information, et au moment où ce discours apologétique s'effrite enfin, on oublie de rappeler que la communication reste néanmoins une des conditions indispensables au développement. C'est précisément parce que l'idéologie est enfin affaiblie qu'il va être possible de réfléchir.

Que faire ?

Nous sommes face à trois ruptures essentielles de la modernité : des liens de plus en plus forts entre culture et communication ; la cohabitation permanente en leur sein de deux aspirations contradictoires, valeurs et intérêt, dimension fonctionnelle et dimension normative ; enfin, l'émergence de l'identité culturelle, collective, comme nouvel enjeu politique.

Sur ces changements essentiels de la modernité, les schémas d'analyse habituels sont pris à contresens. On n'a pas assez réfléchi à la culture. Celle-ci est restée trop liée à la culture cultivée, et pas assez à la culture moyenne ou de masse, voire populaire. Il y a un foisonnement culturel à comprendre. Quant à la *communication*, elle est demeurée largement sous-valorisée depuis les années 50-70. Le projet, ici, consiste à montrer les conditions à partir dequelles ce triangle identité-culture-communication peut jouer un rôle démocratique, non seulement au Nord, mais aussi entre le Nord et le Sud.

L'hypothèse est simple : si l'Occident, et tout particulièrement l'Europe, ne parvient pas à comprendre l'importance de la relation entre ces trois concepts, ni à organiser leurs discussions contradictoires, les risques de conflits seront de plus en plus nombreux. Ou, pour le dire autrement, face à l'ouverture croissante des sociétés les unes sur les autres, à la mondialisation des activités culturelles et de communication, penser le rôle que peut jouer ce nouveau triangle identité-culture-communication est une des conditions indispensables pour maîtriser la mondialisation. Mais cela oblige à penser autrement la culture, la communication, l'identité et leurs relations. Bref, un changement aussi difficile que celui qui a consisté, pour l'Occident, à reconnaître la place essentielle des autres civilisations...

Sortir des conformismes

La question de la diversité culturelle s'impose à nous depuis de nombreuses années, mais avec deux significations bien différentes. Il y a d'une part la diversité culturelle au sens où elle est défendue à l'Unesco, c'est-à-dire dans le respect des identités culturelles, des langues, des patrimoines, des valeurs... Il y a d'autre part la diversité culturelle promue par les industries culturelles sur le terrain, lesquelles, du livre au film, de la radio à la télévision, d'Internet aux jeux vidéo, expérimentent à la fois l'ouverture culturelle et la standardisation. Bien sûr, les industries culturelles prétendent qu'elles sont les instruments de la diversité culturelle ; elles oublient cependant de rappeler qu'il y a souvent conflit entre la logique économique et la logique culturelle, et qu'à l'échelle mondiale les intérêts de ces industries sont nécessairement contradictoires avec le respect de la diversité culturelle.

Penser les enjeux politiques et culturels du monde de demain, c'est d'abord critiquer la modernité occidentale qui est devenue une idéologie après avoir triomphé de la tradition. L'idéologie moderniste – qui est souvent la seule chose qui reste de la modernité – présente toute course en avant comme un progrès, les frontières et les identités comme des traces du passé, tout dépassement des règles et des interdits comme une émancipation. Cependant, ce n'est pas parce que la modernité est critiquée sur des bases très antidémocratiques que l'Occident ne doit pas y voir un sujet sérieux de réflexion. La critique de la modernité occidentale par d'autres cultures ne prouve pas *a contrario* la « supériorité » de cette modernité.

Pour sauver la modernité, il faut la critiquer : retourner le gant de tous les arguments, apparemment les plus démocratiques ; critiquer le simplisme avec lequel sont pensés le présent, la tradition, la politique, la culture, la religion, l'histoire... Bref penser les conditions d'une *renaissance*. Et d'abord se souvenir que la grandeur des cultures et des civilisations n'est pas seulement liée à la puissance économique. Sans quoi, avec ce seul critère, les États-Unis seraient la culture dominante. Or s'ils sont une superpuissance économique et technique, leur culture, si influente soit-elle, n'est pas toute-puissante. C'est même l'inverse. Plus l'économie s'impose, plus il faut préserver d'autres critères. *La mondialisation oblige à échapper à l'économisme et au technicisme ambiant*, surtout pour la culture.

Il faut aussi faire un effort de compréhension des *autres* cultures, sortir de l'occidentalisme dominant, du fantasme du village global qui confond la performance des moyens (communiquer) avec la difficulté des fins (se comprendre), reconnaître l'importance des grandes civilisations et religions, au-delà des questions d'immigration et de terrorisme. Reste à faire un immense travail de critique de la modernité et de son complément : l'illusion selon laquelle il y aurait finalement une manière d'être au monde « en avance » sur les autres.

De même, il faut réexaminer l'autre dimension essentielle de la culture, la *culture scientifique et technique*. La conception occidentale en est trop étroite, même si c'est elle qui domine dans le monde entier, et même si tous les pays, à juste titre, y adhèrent. Mais cette conception dominante a trop tendance à se considérer comme l'*étalon* unique pour hiérarchiser les autres modèles existant. Par exemple, faire du parc informatique d'un pays *le* critère de son niveau culturel. Comme si les ordinateurs en réseaux, dont 80 % sont situés au Nord, donnaient une quelconque supériorité « naturelle » aux cultures du monde et allaient permettre un meilleur dialogue des civilisations sous l'égide, pour ne pas dire le contrôle, du modèle occidental. C'est oublier que, grâce à la mondialisation de l'information, un nombre croissant de peuples et de sociétés peuvent clairement mesurer les inégalités scientifiques, techniques et culturelles, et n'en pensent pas moins ! D'un côté la négation d'une inégalité croissante entre les pays riches et les autres, de l'autre, grâce aux déplacements et à l'information, une prise de conscience beaucoup plus rapide et incontestable de ces inégalités. D'un côté le discours sur le cybermonde, où tout n'est que réseaux et interactivités ; de l'autre la réalité, la stratégie des multinationales de la communication.

On retrouve le même décalage avec l'absence de distance à l'égard du thème de *la société de l'information*. Celle-ci devait permettre, par réseaux interposés, non seulement aux pays du Sud de rattraper leur « retard », mais aussi à tous les peuples de communiquer. On supposait que la technologie suffirait à accélérer le dialogue des cultures ; c'était finalement croire que les tuyaux sont plus importants que les différences culturelles, ou que toutes les cultures sont organisées sur le même modèle... occidental. Parler d'équipements et d'accès aux techniques évite en fait d'évoquer les questions qui fâchent, notamment les inégalités et l'incommunicabilité entre les cultures. Faire d'Internet le cœur du réseau de la société de l'information traduit une vraie naïveté. C'est oublier que l'on a déjà promis la même chose, avec la généralisation des ordinateurs entre 1960 et 1980, et ces réseaux – on l'a vu – peuvent être utilisés autant par les régimes démocratiques que par les pouvoirs despotiques ; c'est aussi oublier que la cybercriminalité augmente à la vitesse de sa propre expansion et que la spéculation autour des nouvelles technologies conduit plus à un krach boursier qu'à l'émergence d'une nouvelle économie... L'effondrement économique et les mensonges sur les valeurs des nouvelles technologies ont relativisé cette énième version de l'idéologie moderniste.

Les événements du 11 septembre 2001 ont aussi montré l'importance de la dimension culturelle dans le terrorisme international. C'est un symbole de l'incapacité de l'Occident, en dépit de sa puissance technique et de son arrogance à contrôler le monde par Internet, notamment par le système d'espionnage « Échelon », qui a été brutalement révélé. Les tours du World Trade Center symbolisaient la modernité technologique et la puissance des industries de l'information et de la communication. Elles n'étaient pas le siège des industries traditionnelles, métallurgiques ou électriques, mais celui des industries les plus modernes, « mondiales » par essence, liées à la culture et à la communication... Le 11 septembre 2001 avait du reste un objectif communicationnel, celui d'être filmé pour que le monde entier mesure en direct la fragilité de la puissance américaine. Avec le krach boursier, cet événement pose également la question de la régulation des industries de l'information et de la communication. Il peut y avoir *à la fois* une fascination pour les nouvelles techniques de communication, la volonté de ne point rater le train de l'histoire, *et* une rancœur de moins en moins sourde à l'égard des États-Unis, persuadés d'être toujours « à l'avant-garde » de la civilisation. Quand l'élite américaine parle de « choc des civilisations », c'est souvent pour dire que la sienne est la meilleure...

Une chose est certaine, la fascination pour les nouvelles techniques de communication a fait long feu. Il ne suffit pas de maîtriser la mondialisation des flux d'information ni les nouvelles techniques pour conquérir le monde. Terrible leçon de fragilité, dont il n'est pas certain que les hommes politiques aient vraiment compris le sens... Les faits pourtant sont têtus, ils ont montré à de nombreux pays que l'Occident est fragile.

Construire l'identité culturelle relationnelle

L'*identité* qui pendant longtemps fut l'*obstacle* à la communication est aujourd'hui, au contraire, devenue la *condition* de la communication, Tout simplement parce que, dans un univers ouvert et dépourvu de repères, l'identité devient un jalon essentiel. C'est vrai aussi bien au niveau des individus que des groupes, des collectivités ou des États. Contrairement à un discours naïf, la mondialisation ne provoque pas la fin des États, elle appelle leur existence, comme contrepoids indispensable. Seuls les États et leurs regroupements régionaux peuvent introduire un peu de régulation.

Cette identité culturelle a toujours été au premier plan du champ politique, mais à y regarder de plus près, elle recoupe *deux acceptions* : d'une part, l'*identité culturelle-refuge*, contre trop d'ouverture, de perte des repères, et qui peut conduire à une identité culturelle agressive – aussi bien sur le plan religieux que sur celui des lois et des comportements. Affirmer une identité pour se défendre contre ceux qui « envahissent », au nom des langues, du commerce, de la modernité. Du Québec à l'Iran en passant par le Japon et la Chine, les exemples sont innombrables.

D'autre part, l'*identité culturelle relationnelle* qui, tout en préservant l'identité collective, joue également la coopération. La plupart des pays européens se trouvent dans cette situation d'identité culturelle relationnelle, ainsi que les grands pays comme le Brésil ou l'Inde. Ici le nombre permet un dialogue moins inégalitaire. L'identité relationnelle suppose souvent un certain niveau de vie, une conscience et une certaine confiance en soi. L'identité culturelle-refuge n'est pas toujours à critiquer. Notamment dans le passé, face à l'expansion occidentale. Avec la mondialisation, cette identité culturelle-refuge prend un autre sens. Il ne faut pas, en tout cas, la disqualifier *a priori*. C'est le même problème que pour le populisme : éviter la *pensée-stéréotype*.

Toute la question – et elle est centrale par rapport au défi politique de demain – est de savoir *à quelle condition construire une identité culturelle relationnelle et éviter l'identité culturelle-refuge*, souvent agressive. L'identité culturelle relationnelle suppose l'existence d'un projet politique qui transcende les différentes problématiques culturelles et identitaires. Avoir un *projet politique*, c'est accepter de parler des rapports entre les autres et nous ; c'est reconnaître l'altérité, s'y confronter et essayer de trouver le moyen de construire une relation. Avec l'*identité culturelle relationnelle*, on est moins dans l'affirmation de soi que dans la recherche d'un mode de cohabitation où finalement les différentes collectivités, au-delà de la reconnaissance de leurs spécificités mutuelles, admettent l'adhésion à certaines règles pour transcender leurs différences. Ce que l'Unesco appelle parfois le « pluralisme constructif ».

La démocratie a été successivement politique, puis sociale. Au XXIe siècle, elle sera *culturelle* au sens où les individus et les collectivités reconnaîtront des multiples identités culturelles et l'obligation de penser leurs relations sur un mode politique, c'est-à-dire sur un mode qui à la fois garantisse les identités et offre le moyen de les transcender. C'est la mondialisation des techniques de communication et la puissance des industries culturelles qui obligent à penser, au plus vite, le modèle de la démocratie culturelle. Bien sûr la différence avec le communautarisme est faible, mais elle est essentielle. Dans les deux cas, il y a reconnaissance de l'importance des identités et des différences culturelles. Mais avec la cohabitation culturelle, il y a la recherche d'un *principe politique* qui transcende la stricte cohabitation des identités, et d'autre part l'*acceptation* du caractère hétérogène de la société. La force du thème de l'identité culturelle collective est de ne pas seulement réunir des individus, des communautés, mais d'admettre, aussi, le caractère ouvert et hétérogène de la société. En réalité, il faut organiser un triangle entre les visions du monde : le culturel, le social, le politique. Et c'est la prééminence du politique, comme moyen d'arbitrer temporairement le heurt des logiques, qui peut partiellement limiter les guerres d'identités culturelles ou la lutte des classes. Certes, un monde à *trois dimensions* est plus difficile à organiser, mais c'est aussi le prix à payer pour que la mondialisation ne soit pas un facteur supplémentaire de guerres.

Débattre de culture et de communication dans l'espace public

L'identité culturelle et la cohabitation culturelle ne seront reconnues comme enjeu politique que si ces questions sont débattues contradictoirement dans l'espace culturel. On en est loin. Comme il n'y a pas d'espace public international, et qu'il n'y en aura pas avant longtemps, il faudrait au moins que ces questions suscitent des discussions, *au sein* des États-nations, et fassent l'objet, par exemple, de *référendums*, qui sont un moyen de faire confiance aux choix des citoyens et de prendre acte de leur capacité culturelle.

La plupart des conflits qui émergent depuis vingt ans sont *culturels*, il y a donc une sorte de *retard* dans cette prise de conscience. Par exemple, les négociations sur le statut des industries culturelles au sein de l'OMC ne suscitent guère d'intérêt au niveau mondial. Les affrontements restent secrets et technocratiques, alors même qu'on devrait les rendre publics pour que chacun comprenne qu'il s'agit d'enjeux aussi importants que le pétrole ou la santé. Cette bataille essentielle pour l'avenir de la paix reste secrète et réservée aux minorités éclairées. C'est d'autant plus affligeant que les questions abordées sont souvent moins compliquées à comprendre qu'on ne le croit, et qu'on a vite fait d'en mesurer, dès lors qu'on est informé, l'intérêt majeur. Penser la cohabitation culturelle n'est pas seulement un idéal démocratique à l'échelle du monde, c'est une nécessité politique essentielle.

Toute la difficulté vient de ce que *les faits sont en avance sur la culture politique*. En Europe, par exemple, la crise yougoslave nous rappelle que, sur le continent qui abrite les plus vieilles cultures et traditions religieuses, humanistes et démocratiques, nous avons été incapables de gérer cette guerre culturelle.

La culture et la communication ne sont pas encore vécues comme des enjeux politiques fondamentaux. D'où l'urgence de faire surgir cette question dans les espaces publics nationaux et au sein des organisations internationales. La montée rapide des partis *populistes* en Europe atteste ce décalage ainsi que l'apparition prochaine de *mouvements anti-européens* qui mettront clairement au cœur de leurs messages la problématique des langues, de l'identité, de la nationalité, des traditions...

Si, pour l'instant, les autres regroupements régionaux existant au plan mondial (Alena, Mercosur, Asean, et demain Alca) sont beaucoup plus modestes que le projet européen dans leurs ambitions, les questions de culture et de communication y émergeront nécessairement. Seules l'ONU, l'Unesco et les différentes agences abordent la question de la diversité culturelle, mais les contraintes diplomatiques sont telles que tout y va très lentement, et sur le mode de plus en plus insupportable de la langue de bois. D'où l'urgente nécessité d'ouvrir des débats sur ces questions, notamment en Europe.

Il faut par exemple montrer très nettement que la bataille gigantesque au sein de l'OMC sur le statut de la *diversité culturelle* est sans doute le premier affrontement entre deux philosophies politiques : celle des Américains qui, pour des raisons économiques et de philosophie sociale, ne veulent pas voir établir de différences entre ces industries culturelles et les autres, et celle des Européens – particulièrement les Français – qui, au nom d'une vieille expérience des rapports entre culture et politique, veulent au contraire faire reconnaître cette exception culturelle. Après quinze ans d'indifférence, sinon d'hostilité, de la part des autres pays européens, on assiste enfin à une prise de conscience de l'importance de ce débat. En réalité, c'est pour le moment au sein des États-nations que les choses évoluent, tandis que l'idéologie de la Commission européenne reste largement marquée par celle de la déréglementation.

De ce point de vue, s'il y a un débat dans la réflexion politique future à ne pas omettre, c'est bien celui de la laïcité. Il faut séparer très nettement ce qui relève du *religieux* et ce qui concerne le domaine *culturel*, afin d'éviter que le religieux envahisse toute la culture, comme on le voit dans les régimes fondamentalistes. La défense du *principe de laïcité* au niveau mondial est un enjeu essentiel. Distinguer le politique du religieux ne suffit évidemment pas à garantir la paix, mais les confondre est clairement un facteur supplémentaire de guerre et de totalitarisme, comme le montre *toute* l'histoire du monde. L'ultramontanisme ne garantit pas toujours la séparation du spirituel et du temporel, mais l'interdiction de l'athéisme, les religions d'État, le gallicanisme, et les religions autocéphales mélangent encore plus des catégories, qu'il faut au contraire distinguer.

L'idée est simple : plus on vit dans une société où tout circule et devient visible, plus il faut distinguer nettement ce qui relève du social, du politique, du religieux et du culturel. Pour que chacun s'y retrouve, il faut *séparer* les références, les valeurs, les vocabulaires, les styles.

Garder l'histoire en mémoire

Il y a une *mémoire* des affrontements culturels au niveau international, même si beaucoup semblent l'avoir perdue. Le plus récent est le débat fondamental du Nouvel Ordre mondial de l'information et de la communication (Nomic) en 1980 à l'Unesco. À cette occasion, les pays du tiers-monde, appuyés à l'époque par l'URSS, avaient déjà mis en cause l'Occident pour son impérialisme culturel au travers de l'information, des films, de la télévision... L'appui de l'URSS à cette première révolte en avait fait un affrontement violent Est-Ouest. Mais l'URSS, régime autoritaire, ainsi d'ailleurs que de nombreux pays du tiers-monde, était alors mal placée pour dénoncer le caractère antidémocratique des industries de l'information. Il avait donc été possible à l'Occident de disqualifier la révolte, mais la nature de la critique restait exacte : déjà à l'époque, l'Occident, qui plus est avec la bonne conscience de la démocratie, imposait au reste du monde sa vision de l'information et sa conception de la culture et de la communication...

Ce débat sur le Nomic était en réalité *précurseur* car, aujourd'hui, la puissance des industries culturelles est sans commune mesure avec ce qu'elle était hier : la domination du Nord sur le Sud, tant pour la communication que pour la culture, est telle que la paix même est en jeu. Et l'URSS n'est plus là pour servir de repoussoir. Depuis toujours, en effet, les hommes *se battent pour des valeurs culturelles* : liberté, égalité, religion, langue, culture, tradition. Il n'y a qu'à voir la cause des conflits depuis la fin du communisme !

D'une certaine manière l'affrontement Est-Ouest a masqué pendant cinquante ans l'importance du rôle de la culture dans les guerres. Pourtant, si l'on veut bien y réfléchir, ce conflit Est-Ouest était *également* culturel, puisque au travers de l'affrontement politique se jouaient bien deux visions de l'humanité et de la culture. Aujourd'hui, non seulement il faut ouvrir une réflexion sur ce gigantesque domaine de la diversité culturelle, mais il faut aussi reconnaître que la question ne se pose pas de la même manière pour les grands et pour les petits pays. Pour les premiers, l'identité culturelle est directement liée à celle de l'indépendance politique. Mais pour de très nombreux petits pays, l'indépendance politique, sans indépendance économique, ne garantit nullement l'identité culturelle. C'est pourquoi il faut réfléchir, pour l'avenir, aux moyens de préserver la diversité culturelle, indépendamment du schéma dominant qui, pendant un siècle, a considéré que l'indépendance politique était la clé de tout.

Donner droit aux antimondialistes

Les luttes des antimondialistes sont essentielles car elles prouvent la capacité de résister à l'idéologie *culturelle* qui, pendant vingt ans, *a assimilé* l'ouverture économique au progrès. Avoir osé mettre en cause le seul dogme qui, ces dernières années, a cimenté le monde occidental – celui du lien naturel entre ouverture économique, dérégulation et progrès démocratique – a été courageux, difficile, et constitue le vrai acte de naissance du XXIᵉ siècle.

Les mouvements antimondialistes sont les premiers à mettre la culture et la communication au cœur de la politique. D'abord parce qu'ils remettent en cause toute une *représentation* du monde ; ensuite parce que l'échelle même du conflit qu'ils mettent au jour est celle du monde, directement lié à la victoire des techniques de communication mondiales.

Le paradoxe est que, pour le moment, ce mouvement n'a pas pris les industries de la culture et de la communication comme cheval de bataille, mais d'abord l'agriculture, l'environnement, l'énergie… Cela se fera de toutes les manières, et il est probable que les krachs à répétition, les spéculations des grands groupes culturels accéléreront cette prise de conscience.

Critiquer les mièvreries sur la diversité culturelle

Construire une pensée culturelle féconde doit aussi passer par une critique radicale des *mièvreries* qui circulent sur le thème de la diversité culturelle. L'Unesco est, certes, une institution fondamentale, mais elle est trop empêtrée dans la gestion contradictoire des logiques qui la composent. Au lieu d'être la première à prendre acte de ce que culture et communication sont au cœur de la paix et de la guerre de demain, elle se transforme au contraire en un haut lieu de « la culture langue de bois ». À force de vouloir faire tenir ensemble ce qui ne peut coexister et de gommer les contradictions les plus visibles, elle produit des textes de plus en plus fades.

Alors que les questions de cohabitation culturelle s'exacerbent, l'Unesco s'efface. Au lieu d'être l'institution où aurait *lieu* ce débat politique fondamental pour l'avenir de la paix, au lieu d'être le seul espace politique mondial où pourraient se confronter toutes les représentations du monde et les logiques d'intérêts, elle est souvent le *lieu* de tous les conformismes. Elle accueille avec gourmandise cette pseudo-élite mondiale qui confond l'expérience de cent mille privilégiés avec celle de milliards d'individus. Tout est dépolitisé, banalisé, comme s'il s'agissait d'aimables propos de salon, alors qu'il y va de la dignité de milliards d'hommes dépossédés d'eux-mêmes ! Aucun enjeu. Aucun ennemi. Aucune inégalité… Aucun impérialisme. En bref, aucun pouvoir.

Il faut lire cette littérature, étonnante à force de se contorsionner pour ne déranger personne, où l'on s'émerveille que « les industries culturelles mondiales [soient] les grands acteurs de la diversité culturelle mondiale », pour comprendre que ce n'est pas avec ces propos, à l'eau de rose universaliste, qu'on fera avancer les débats.

Indications bibliographiques

Abou, S. et Haddad, K., *Universalisme et différenciation des modèles culturels*, Université Saint-Joseph et Agence universitaire de la francophonie, 2002.
Ancelovici, F. et Dupuis-Déri, M., *L'Archipel identitaire, recueil d'entretiens sur l'identité culturelle*, Montréal, Boréal, 1997.
Badie, B. et Sedoun, M. (dir.), *L'Autre*, études réunies par A. Josse, *Revue des sciences*, n° 20, 1996.
Balandier, G., *Anthropologique*, LGF, 1985.
Balibar, É. et Wallerstein, E., *Race, nation, classe. Les identités ambiguës*, La Découverte, 1988.
Bayard, J.-Fr., *L'Illusion identitaire*, Fayard, 1996.
Bell, D., *Communautarianism and its Critics*, Oxford, Oxford University Press, 1993.
Breton, P., *Le Culte d'Internet*, La Découverte, 2000.
Candau, J., *Mémoire et identité*, PUF, 1998.
Carey, J., *A Cultural Approach of Communication*, dans *Communication*, vol. 1, n° 2, 1975.
Carey, J., *Communication as Culture*, Boston, Hyman and Unwin, 1989.

Castells, M., *La Société en réseau, l'ère de l'information*, Fayard, 1998.

Clifford, J., *Malaise de la culture : l'ethnographie, la littérature et l'art au XXᵉ siècle*, École nationale supérieure des beaux-arts, 1996.

Communication, Le Croisement des cultures, Seuil, n° 43, 1986.

Cuche, D., *La Notion de culture dans les sciences sociales*, La Découverte, 1996.

Demorgon, J., *Complexité des cultures et de l'interculturel*, Anthropos, 1996.

Dibie, P. et Wulf, C. (dir.), *Ethnosociologie des échanges interculturels*, Anthropos, 1998.

Dubar, Cl., *La Crise des identités. L'interprétation d'une mutation*, PUF, 2000.

Dumonchel, P. et Melkevic, C., *Tolérance, pluralisme et histoire*, L'Harmattan, 1998.

Geertz, C., *Savoir local, savoir global : les lieux du savoir*, PUF, 1986.

Glissant, E., *Pays rêvé, pays réel*, Gallimard, 2000.

Ghasarian, Ch. (dir.), *De l'ethnographie à l'anthropologie réflexive. Nouveaux terrains, nouvelles pratiques, nouveaux enjeux*, Armand Colin, 2002.

Gitlin, T., *The Twilight of Common Dreams : Why America in Wracked by Cultural Wars*, New York, Henry Holt, 1995.

Goffman, E., *Les Rites d'interaction*, Minuit, 1974.

Griset, P., *Les Révolutions de la communication aux XIXᵉ et XXᵉ siècles*, Hachette, 1991.

Guttman, A. (dir.), *Multiculturalism. A Critical Reader*, Cambridge, Blackwell.

Harvey, D., *The Conditions of Postmodernity. An Enquiry into the Original Cultural Change*, Oxford, Basic Blackwell, 1989.

Hermès, Toutes les pratiques culturelles se valent-elles ?, n° 20, éd. du CNRS, 1997.

Hermès, Mimésis. Imiter, représenter, circuler, n° 22, éd. du CNRS, 2002.

Hily, M.-A. et Lefebvre, M.-L., *Identité collective et altérité*, L'Harmattan, 1999.

Hollinger, D.A., *Postethnic America*, New York, Basic Books, 1995.

Horton, J. (dir.), *Liberalism, Multiculturalism and Toleration*, Londres, Mac Millan Press, 1993.

Huntington, S.-P., *Le Choc des civilisations*, Odile Jacob, 2000.

Iribarne, Ph. d' et al., *Cultures et mondialisation. Gérer par-delà les frontières*, Seuil, 1998.

Juteau, D., *L'Ethnicité et ses frontières*, Montréal, Presses de l'université de Montréal, 1999.

King, A., *Culture, Globalisation and the World System-Contemporary Conditions for the Representation of Identity*, New York, Colombia University Press, 1986.

Kroeber, A.L. et Kluckhohn, C., *Culture : a Critical Review of Concepts and Definitions*, Cambridge (Mass.), Peabody Museum of Archeology and Ethnology, 1952.

Lacorne, D., *La Crise de l'identité américaine : du melting pot au multiculturalisme*, Fayard, 1997.

Laforest, G. et Gibbins (éd.), *Sortir de l'impasse. Les voies de la réconciliation*, Montréal, IRPP, 1998.

Laplantine, F., *Je, nous, et les autres*, Fayard-Le Pommier, 1999.

Lemert, C. (éd.), *Social Theory. The Multicultural et Classic Readings*, San Francisco, Westview Press, 1993.

Liauzu, C., « Race et civilisation. L'autre dans la culture occidentale », dans *Anthropologie critique*, Pyros, 1992.

Maalouf, A., *Les Identités meurtrières*, Grasset, rééd. Le Livre de poche, 1998.

Masuda, J., *The Information Society in Post Industrial Society*, Tokyo, Institute for the Information Society, 1980.

Mattelart, A., *L'Invention de la communication*, La Découverte, 1994.

Mattelart, A. et Neveu, É., « Cultural Studies. La domestication d'une pensée sauvage », *Réseaux*, n° 80, 1996, p. 11-58.

McCready, W.C. (éd.), *Culture, Ethnicity and Identity*, New York, Academic, 1983.

McRoberts, K., *Bey and Quebec. Tabarnj Stock of Canada*, Montréal et Kingston, McGill-Queen's University Press, 1995.

Morley, D. et Robins, K., *Spaces of Identity. Global Media, Electronic Landscapes and Cultural Boundaries*, Londres, Routledge, 1995.

Nouvelle Revue du Pacifique (La), *Les Identités du Pacifique*, vol. 1, n° 1, 2000.

Perez de Cuellar, « Notre diversité créatrice », dans *Rapport de la Commission mondiale de la culture et du développement*, éd. de l'Unesco, 1998.

Poutignat, P. et Streiff-Fenart, J., *Théories de l'ethnicité*, PUF, 1999.

Ragi, T. et Gerritsen, S. (dir.), *Les Territoires de l'identité*, L'Harmattan, 1999.

Ramonet, I., *La Tyrannie de la communication*, Galilée, 1999.

Rioux, J.-P. et Sirinelli, J.-F. (dir.), *La Culture de masse en France. De la Belle Époque à aujourd'hui*, Fayard, 2002.

Saez, J.-P. (dir.), *Identités, cultures et territoires*, Desclée de Brouwer, 1995.

Schnapper, D., *La Relation à l'autre. Au cœur de la pensée sociologique*, Gallimard, 1998.

Schnapper, D., *La Démocratie providentielle. Essai sur l'égalité contemporaine*, Gallimard, 2002.

Segalen, M., *L'Autre et le semblable : regard sur l'ethnologie des sociétés contemporaines*, éd. du CNRS, 1989.

Sofsky, W., *L'Ère de l'épouvante. Folie meurtrière, terreur, guerre*, Gallimard, 2002.

Sténou, K., *Images de l'autre. La différence : du mythe au paysage*, Seuil-Unesco, 1998.

Taylor, Ch., *Multiculturalisme. Différence et démocratie*, Aubier, 1994.

Todorov, T., *Nous et les autres. La réflexion française sur la diversité humaine*, Seuil, 1989.

Turkle, S., *Life on Screen ; Identity in the Age of Internet*, New York, Simon and Schuster, 1995.

Unesco, *Rapport mondial sur la culture*, éd. de l'Unesco, 1998.

Unesco, « Diversité culturelle : conflits et pluralisme », dans *Rapport mondial sur la culture*, éd. de l'Unesco, 2000.

Unesco, « Notre diversité créatrice », *dans Rapport de la Commission mondiale de la culture et du développement*, éd. de l'Unesco, 1996.

Virilio, P., *Cybermonde. La politique du privé*, Textuel, 1996.

Visonneau, G., *L'Identité culturelle*, Armand Colin, 2002.

Webber, J., *Reimagine Canada Language, Culture, Community and the Canada Constitution*, Küsston-Montréal, McGill-Queen's University Press, 1994.

Wieviorka, M., *La Différence*, Balland, 2001.

Wieviorka, M. et Ohana, J. (dir.), *La Différence culturelle. Une reformulation des débats. Colloque de Cerisy*, Balland, 2001.

Wilson, Clint. C. et Gutierrez, E., *Race, Multiculturalism and the Media : from Mass to Class Communication*, Thousand Oaks, Sage, 1995.

Winkin, Y., *La Nouvelle Communication*, Seuil, 1988.

Winkin, Y., *Anthropologie de la communication : de la théorie au terrain*, Seuil, 2001.

Chapitre 3

Cohabitation culturelle : l'autre mondialisation

Comment penser la cohabitation culturelle mondiale ? Comment éviter de confondre puissance des industries culturelles et diversité culturelle ? Comment penser la culture et la communication dans l'économie ? Comment admettre que, face au nouvel enjeu politique, celui du respect de la diversité culturelle, les petits pays pauvres peuvent avoir *autant* d'importance que les grandes puissances ? C'est la revanche des identités culturelles contre le hold-up dont elles ont été l'objet par les industries du même nom. Il n'y a pas de « petites identités culturelles » ni de « minorités culturelles ». Une langue, par exemple, même parlée par mille personnes, a autant d'importance que toutes les autres, car elle porte, au-delà des mots, toute une vison de la société, et appartient au patrimoine de l'humanité. Il n'y a partout que des identités à faire cohabiter.

Hier, la puissance dominante sur le plan technique, et économique, l'était aussi sur le plan culturel. Aujourd'hui, aucune puissance ne peut plus prétendre à la domination culturelle. Les États-Unis sont la première puissance économique et militaire, mais non la première puissance culturelle. Il n'y en aura plus.

Et plus les citoyens du monde seront exposés à un nombre croissant d'informations, plus ils réagiront et s'exprimeront. *Les récepteurs de la communication deviennent des acteurs à part entière de la mondialisation de la communication,* comme les citoyens le sont devenus, progressivement, dans l'ordre de la politique.

En un mot, un monde dominé par l'information et la communication sera plus compliqué à comprendre et à gérer que le monde d'hier, où ces éléments restaient rares et étaient l'apanage d'une minorité.

C'est en cela que la cohabitation culturelle devient un enjeu politique mondial nouveau. Un défi à penser. Il consiste à organiser, selon le même idéal que celui qui a présidé à la naissance de l'ONU, la cohabitation entre les cultures sur la base de leur respect mutuel et de leur égalité.

La cohabitation culturelle comme défi politique ne pouvait venir qu'après l'effondrement du mythe de la société de l'information qui, ces vingt dernières années, a confondu la mondialisation des systèmes d'information avec la communication universelle. Il fallait le déclin de cette illusion technologique et la crise économique de ce secteur pour que la politique et la culture retrouvent leur place au centre des enjeux. Il fallait cette crise idéologique pour que soit restauré le primat de la politique sur la technique et l'économie ; le primat des peuples, des langues, des histoires face aux techniques et aux marchés.

La cohabitation culturelle est donc à la fois une *réalité* – il faut organiser la cohabitation des cultures au plan mondial –, un *enjeu* politique – il faut éviter que la culture et la communication deviennent des facteurs supplémentaires de guerre – et un *concept* – il faut penser la mondialisation.

C'est en quoi elle est le troisième pilier de la mondialisation. Le *premier*, on l'a vu, est le pilier politique, avec la création de l'ONU, les déclarations des Droits de l'homme après la Seconde Guerre mondiale. En un demi-siècle, au travers de difficultés immenses, dont quarante ans de guerre froide et la décolonisation, ces principes politiques universels se sont lentement imposés, même si chacun, de l'Est à l'Ouest, du Nord au Sud, les a souvent trahis. Peu importe. À l'heure où le monde ouvert du XXIᵉ siècle doit se réorganiser, il n'y a pas d'autres valeurs universelles et mondiales, à la disposition des peuples, que ces principes créés si difficilement, et avec tant d'espoir, au lendemain des barbaries de la Seconde Guerre mondiale. Il n'y a pas d'autres références que ces textes pour essayer de faire en sorte que la mondialisation soit autre chose que la mise en forme d'un capitalisme sans boussole.

Le *deuxième pilier* est la mondialisation économique dont on parle depuis vingt ans, avec les progrès des techniques de communication, l'ouverture du commerce international et la fin du communisme. Dans une période de crise des idéologies (marxisme, tiers-mondisme), la globalisation économique a été présentée, surtout au Nord, comme un « idéal » de même niveau que celui de l'ONU. Depuis 2002, les dégâts de la spéculation, la corruption et la crise des industries culturelles qui devaient créer le village global vont obliger, en s'appuyant sur le premier pilier, à introduire une régulation. Mais la mondialisation économique demeure une réalité puissante.

Le *troisième pilier* concerne l'émergence de la culture et de la communication comme enjeu politique mondial. Avec l'obligation, au niveau international, de tenir compte de cette diversité culturelle, à la fois vantée dans les Droits de l'homme et dévalorisée dans la mondialisation économique. En cinquante ans, le concept politique de diversité culturelle a été vampirisé par la mondialisation économique, le détournement essentiel ayant sans doute eu lieu dans les vingt dernières années, quand les techniques et les industries de la communication se sont présentées comme le bras armé de cet idéal politique.

En réalité, il faut distinguer, dans les trois termes utilisés, les différences de signification. La *mondialisation* renvoie aux techniques de communication qui, en ceinturant le monde, ont donné le sentiment d'un village global. La *globalisation* renvoie à l'économie et au rêve d'un capitalisme sans entrave de 6,5 milliards de consommateurs. L'*universalisme* renvoie à l'idéal de la communauté internationale symbolisé par l'ONU, et vise à défendre le principe d'une égalité des hommes sur la planète. Les perspectives sont radicalement différentes, mais l'idée de la dérégulation a consisté à établir un lien – faux – entre les trois. La mondialisation des techniques a sans doute facilité la globalisation, mais ne préfigure en rien la communauté internationale. Dans les deux premiers cas on supprime les frontières, dans le troisième on les préserve, car l'idée d'universalité, liée à la communauté internationale, suppose le respect des identités linguistiques et culturelles. Diversité et cohabitation culturelle relèvent évidemment de la problématique politique de l'universalité.

Pourquoi la cohabitation culturelle ?

Le concept de cohabitation culturelle est le résultat de *deux logiques contradictoires*. Il est à la fois « l'enfant » d'un certain idéal de l'ONU – organiser le dialogue des cultures – et celui d'une marchandisation de la communication et de la culture. On retrouve dans ce concept à la fois la normativité et la fonctionnalité qui, de notre point de vue, caractérisent la communication et la culture. Cette ambiguïté est indépassable, et elle est aussi source d'émancipation. C'est parce que la culture et la communication obéissent *autant* aux valeurs qu'aux intérêts que le concept de cohabitation culturelle, bien sûr ambigu, peut devenir le troisième pilier de cette mondialisation.

Mais, à bien y regarder, les deux premiers ne sont pas moins ambigus. L'ONU, en dépit de ses références universalistes, a tout simplement cautionné les rapports de force mondiaux et la mondialisation économique. À l'inverse, souvent présenté comme le mal absolu de l'économie capitaliste, le libéralisme a été un formidable facteur de croissance économique, permettant à des peuples de se développer, de sortir de la misère, d'accéder à la dignité humaine et politique et donc de pouvoir souhaiter jouer un rôle dans la mondialisation. Il en est de même pour ce troisième pilier : la diversité culturelle est un idéal et, en même temps, les multinationales de la communication prétendent en être l'incarnation.

C'est en cela que la cohabitation culturelle, concept normatif *à construire*, est intéressante. Elle est le symétrique de la mondialisation technique et de la globalisation économique et doit inventer des règles politiques nouvelles pour penser un modèle plus ouvert. C'est à la fois l'obligation de prendre en compte d'autres paramètres que l'économie et la politique, l'émergence de l'identité comme enjeu politique et la nécessité d'organiser dans un monde ouvert la cohabitation des cultures qui en font un enjeu essentiel. C'est de toute façon un concept politique, au sens où il gère des enjeux de crise, de conflit. Il traduit aussi le fait qu'il *n'y a plus de culture dominante*. C'est même le *découplage* entre puissance technique et économique d'une part, et domination culturelle d'autre part, qui est le grand changement du XXIᵉ siècle.

L'ambition du concept est à la mesure de l'importance croissante des problématiques de culture et de communication au niveau mondial. Elle fait partie des grandes mutations intervenues depuis la fin de la Seconde Guerre mondiale. Il est donc nécessaire de refuser les naïvetés d'une « culture mondiale », manière commode d'enterrer le problème, et surtout de laisser la question aux mains des industries...

La littérature internationale sur la cohabitation culturelle est trop limitée. Elle concerne soit le thème classique de l'Unesco (le « dialogue des cultures »), soit le thème littéraire ou philosophique des métissages et du cosmopolitisme. Il existe pourtant sur ces domaines d'excellents travaux d'anthropologues, d'ethnologues, d'historiens, parfois de politologues et de linguistes, ainsi que des travaux de spécialistes du développement. Tous restent hélas largement *ignorés*. La communauté scientifique internationale qui travaille sur ces questions depuis souvent plus d'un siècle n'a absolument pas la place et la reconnaissance qu'elle devrait avoir auprès des élites, des hommes politiques ou des médias. Ce gâchis de connaissances, de culture, d'expériences, de relations humaines est scandaleux. Surtout quand on met en rapport d'un côté les immenses besoins de compréhension créés par la mondialisation, le discours « officiel » demandant des « connaissances », l'existence de ces travaux, et de l'autre l'indifférence générale qui les entoure.

Quand comprendra-t-on que plus il y a de mondialisation, plus les sciences humaines et sociales sont indispensables ? Elles n'ont pas la solution à tous les problèmes, loin s'en faut, mais au moins y a-t-il là des compétences accumulées. C'est quand soudainement éclate un conflit militaire « incompréhensible » que l'on fait appel aux « spécialistes »,

dont on s'étonne alors de leur compétence – excepté le
Proche-Orient, pour lequel, eu égard à l'ancienneté du problème, les médias ont recours à leurs compétences, par
exemple sur le thème du fondamentalisme religieux. Si, dans
la longue durée, il est évident que les sociétés et les cultures
se métissent, le problème posé ici, avec l'accélération de la
mondialisation économique, des systèmes d'information et
des industries culturelles, est tout autre. Il est de penser la
cohabitation culturelle comme concept démocratique suscep-
tible d'*ordonner* la diversité culturelle qui devient l'enjeu
politique, majeur, du « village global ».

Tout est ici à inventer, et le travail est d'autant plus difficile que les obstacles linguistiques sont gigantesques : les
distances entre cultures et civilisations, la force des inégalités, l'ancienneté des contentieux. *Bref, avec la cohabitation
culturelle, on est face à l'histoire.* Et l'on comprend *a posteriori* que ce « problème » ait été mis de côté en espérant que
les déplacements, le commerce, et aujourd'hui les nouvelles
technologies arriveraient à dissiper cette incommunication
que chacun ressent dès qu'il arrive dans n'importe quel coin
du monde dont il n'est pas familier. La cohabitation culturelle surgit, comme enjeu scientifique et politique, sur les
décombres du mythe du village global, qui a laissé croire que
la compréhension entre les hommes et les sociétés augmen-
terait au fur et à mesure de la multiplication des techniques
de communication et des déplacements.

La cohabitation culturelle condense en fait, et c'est son
intérêt, toutes les mutations politiques intervenues depuis les
années 50. Elle suppose la fin du conflit Est-Ouest et une
capacité de résolution des inégalités Nord-Sud. Elle prend
acte du décalage existant dans de nombreux pays entre État,
nation et société. Elle requiert un minimum de régulation
économique et financière au plan mondial, ainsi que l'instauration de principes politiques autrement plus fermes que les
arbitrages de l'OMC. Elle nécessite aussi toute une analyse
des rapports entre information, connaissance et culture, au
moment où les techniques permettent une augmentation et
une diversification considérables du volume et des genres de
messages en circulation. Enfin, elle oblige à sortir d'une
vision un peu naïve de la réflexion actuelle sur la mondialisa-

tion de l'information et de la communication, où tout est vu au travers du prisme de l'*homo economicus*.

Ce concept à construire requiert aussi d'admettre que culture et communication sont des enjeux politiques en soi, et doivent pouvoir êtres débattus contradictoirement au sein des espaces publics, tout en sachant qu'il n'y a pas d'espace public mondial et que la discussion contradictoire des enjeux de la diversité culturelle passe à l'échelle internationale par de multiples filières. Enfin, c'est un processus toujours dynamique, avec deux tentations : la fragmentation en autant d'identités qu'il y a de rapports de force possibles ; la négation du problème en maintenant une pression politique pour qu'il ne soit pas posé, notamment dans certains pays peu démocratiques, ou en faisant semblant de croire, comme le font certains auteurs, notamment américains, que la cohabitation culturelle est une autre manière de parler de « diversité » des identités culturelles – ce qui est un moyen d'évacuer la question politique.

C'est peut-être l'*échelle* à trouver, pour débattre de la cohabitation culturelle, entre celle des États-nations et celle de l'ONU, qui est l'une des tâches les plus difficiles. Au niveau des États-nations, l'expérience la plus riche est liée aux différents modèles existants visant à l'*intégration*. Au niveau international, c'est le modèle de la *cohabitation* qu'il faut construire. C'est sûrement au niveau intermédiaire des grandes régions, comme l'Europe, l'Amérique latine, le Proche-Orient, avec un principe minimum de *solidarité* historique, que le travail pourrait être entrepris en premier, car il y a là un minimum de traditions.

Un enjeu politique

Cela dit, on ne part pas de rien pour penser la cohabitation culturelle. Il y a d'abord tous les débats sur le multiculturalisme, tels qu'ils ont eu lieu depuis vingt ans au sein des États-nations. L'échelle et les enjeux sont différents, mais les mots, les histoires, les références existent partiellement. Il y a aussi le débat beaucoup trop oublié du Nomic (Nouvel ordre mondial de l'information et de la communication) dans

les années 80 qui, lui, a été la première manière de poser le
problème politique des inégalités Nord-Sud. À l'époque,
cependant, la violence des arguments choqua le Nord
« démocratique », qui s'est trouvé critiqué en raison de la
décolonisation. Il est probable que le ton de ces débats appa-
raîtra, rétrospectivement, comme très poli, eu égard à la
montée en puissance de la problématique culturelle et
conjointement des industries de la communication !

Le débat sur la cohabitation culturelle à venir *renoue* donc
avec des débats politiques qui ont existé avant le technicisme
triomphant et l'expansion économique des deux dernières
décennies, où dominait un lyrisme tiers-mondiste dont on
s'est beaucoup moqué à l'époque. Au moins ce lyrisme tra-
duisait-il l'existence, à l'échelle mondiale, d'une conscience
politique et la prise en compte de la diversité culturelle.
Depuis, la mondialisation économique s'est considérablement étendue, le communisme s'est effondré, et avec lui une
bonne partie de la critique du capitalisme... Si le marxisme
n'a pas apporté de réponse à une « internationalisation » qui
n'était pas celle qu'il avait prévue, l'économie capitaliste
n'a pas non plus résolu la question. Et l'on a trop souvent
confondu critique du marxisme et victoire de la démocratie... *On est actuellement en déficit de pensée critique face
aux multiples enjeux de la mondialisation.*

Le concept de cohabitation culturelle à construire est donc
un peu le symbole d'un *renouveau de la pensée politique au
plan mondial*. Il vient prendre le relais d'une pensée critique
défaillante, disparue avec le mur de Berlin, et qui n'a évidemment pas été remplacée par le discours économique
libéral. Il prend aussi en compte l'importance des phénomènes de culture et de communication.

Il existe une autre différence essentielle par rapport aux
années 60 : *le public politisé est beaucoup plus nombreux.*
C'est le résultat de trois phénomènes : l'élévation du niveau
de vie, l'éducation et le rôle de la radio et de la télévision qui
ont facilité, pour ainsi dire, la révolution de la communication. En effet, les réseaux et les ordinateurs n'auraient pas
connu un tel succès s'il n'y avait pas eu auparavant cette sensibilisation par les médias de masse, lesquels ont donc plei-
nement joué leur rôle démocratique d'ouverture. En tout cas,

l'émergence des problèmes d'identité-culture-communication trouve un public plus nombreux, une *conscience* plus vive du fait du nombre croissant d'individus associés à une réflexion critique. S'il n'y a pas d'opinion publique internationale, la somme des publics, dispersés, mais qui accèdent aux mêmes informations, constitue néanmoins pour demain la base d'une réflexion et d'une action critique, dont on sous-estime encore largement l'ampleur. L'émergence soudaine de Porto-Allègre, siège du forum social mondial, comme symbole alternatif du forum économique de Davos, illustre ce changement si rapide.

Cela plaide en faveur de la construction, au plus vite, d'une réflexion au plan mondial, sur les enjeux politiques de la culture et de la communication, comme l'écologie a réussi à mettre l'environnement au cœur de la politique, et les ONG la question des Droits de l'homme.

On retrouve, pour la culture et la communication, les questions essentielles de la solidarité, de la société de masse, des projets d'émancipation collectifs, des langues comme patrimoine indépassable de la diversité culturelle.

Autrement dit, il faut éviter de réduire la problématique de l'information et de la communication à celle de l'impérialisme culturel américain ; il faut ouvrir les débats et les questions, réintroduire du normatif, rappeler qu'il existe une marge de manœuvre et que l'économisme n'est pas assuré d'imposer toujours sa loi. *Avec la culture et la communication, les valeurs et les idéaux ne sont jamais loin des marchés*. Cette réflexion à construire sur la cohabitation culturelle permettra aussi aux luttes antimondialistes d'avoir une approche moins économique, intégrant les dimensions culturelles et humanistes qui, si elles n'ont pas le même sens d'un bout à l'autre de la terre, ont cependant l'avantage de rappeler que l'économie n'est pas la seule raison d'être de l'homme.

La culture et la communication sont aujourd'hui des enjeux aussi importants que la santé et l'alimentation. Du reste, *tous les enjeux sont devenus synchrones*. C'est cela la rupture. Si les mouvements antimondialistes, qui mettent actuellement en avant la pensée critique la plus développée, ne voient pas les enjeux culturels et restent trop proches d'une vision économique il y aura un risque de débordement politique pour tout ce qui concerne le culturel, la religion, la communication. On le voit déjà avec de très nombreux pays... Dans leur approche, les mouvements antimondialistes restent principalement économiques, mais la dynamique des événements est telle, depuis 2002, et ces mouvements ont eux-mêmes tellement intégré la problématique de l'information mondiale, que l'on peut s'attendre assez rapidement à un élargissement de la pensée critique vers le thème des industries culturelles et de la communication. Tout cela ne se fera pas simplement, ni sans affrontements idéologiques, où l'on verra ressortir des logiques et des arguments que l'on pensait disparus. Mais là n'est pas l'important.

L'essentiel est dans la naissance d'une pensée critique sur les enjeux mondiaux du triangle infernal identité-culture-communication. Penser la cohabitation culturelle au plan mondial est un des défis les plus difficiles des années à venir. L'essentiel est d'oser penser, de critiquer, de sortir de la logique économique et technocratique dominante.

De toute façon, si les questions d'*altérité culturelle* ne trouvent pas un débouché pacifique, dont la cohabitation culturelle est l'enjeu, elles seront des facteurs de guerre au moins aussi importants que les inégalités économiques Nord-Sud.

Avec le concept de cohabitation culturelle, il ne s'agit pas seulement de prendre en charge la culture et la communication, il faut aussi reconnaître *le caractère hétérogène des sociétés*, c'est-à-dire refuser un modèle communautariste qui ne peut se développer au plan mondial. Le risque est de réduire la cohabitation culturelle à une forme de communautarisme ou de culturalisme. C'est une mauvaise réponse, mais elle a l'avantage d'être rassurante et de préserver des identités dans un monde bousculé. Le communautarisme est du côté du même. Il réunit des individus qui ont les mêmes caractéristiques. C'est un monde où se juxtaposent les diasporas. Avec la cohabitation culturelle au contraire, on reconnaît l'hétérogénéité sociale et on essaie de l'organiser, en se confrontant à la problématique de l'*altérité*.

Le rassemblement de collectivités sur la base de l'identité culturelle est une mauvaise réponse face à la mondialisation, mais il a l'avantage d'être rassurant, car il préserve le principe d'identité. De notre point de vue, il n'y a pas de cohabitation culturelle possible sans projet politique, c'est-à-dire sans un projet qui *transcende* les différences existant entre les communautés. En fait, tout l'enjeu de la cohabitation culturelle est la place qu'elle laisse à l'*altérité*. Et l'altérité, c'est l'existence d'un projet politique. Quand il n'y a pas de projet politique d'ampleur pour transcender le fonctionnement des communautés, la cohabitation culturelle peut ressembler à la somme des communautés.

Que faut-il entendre par *projet politique* ? D'abord la reconnaissance de la diversité culturelle, au sens large, c'est-à-dire de l'ensemble des valeurs, règles et comportements qui permettent de vivre dans la société contemporaine ; ensuite, l'existence d'un principe d'intégration démocratique des éléments de cette diversité culturelle. Enfin, un moyen de relier les dimensions culturelles aux autres dimensions de la société.

Ce projet politique organise donc les relations entre la culture et la communication, l'économie, la société et la politique. Il oblige à sortir de la culture. C'est donc un défi difficile. Au sens étroit, il s'agit de penser le dialogue des cultures à l'heure de la mondialisation de la communication. Au sens plus large, il s'agit de dégager les enjeux d'un domaine nouveau, essentiel pour la paix, avec toujours l'extrême difficulté linguistique : il suffit de voir l'Europe avec ses onze langues pour mesurer le problème au plan mondial.

En tout cas, pas de cohabitation culturelle sans *confiance*. Ce concept insaisissable est essentiel, car plus il y a de messages qui circulent, plus les sociétés sont transparentes, et plus les rumeurs enflent. On le voit, par exemple, avec la faillite des grandes entreprises de la communication, comme World.com, et les rumeurs de rachat qui peuplent constamment le capitalisme mondial. La mondialisation des industries culturelles et de la communication accentue la *logique des rumeurs*, donc les déstabilisations, alors qu'il faut au contraire parvenir à un minimum de confiance pour que s'organise le dialogue entre les systèmes de pensée différents. Encore ne s'agit-il ici que de rumeurs économiques. Les rumeurs seront plus folles encore quand il s'agira de dialogue des cultures car, en matière de cohabitation culturelle, il n'y a pas de *normes*. Tout est question de confiance entre des cultures qui ne se connaissent pas et pour des enjeux dont on n'a guère l'habitude de débattre contradictoirement. C'est pourquoi la manière dont la cohabitation culturelle va s'installer au sein des espaces publics nationaux est déterminante.

On peut même dire qu'à l'avenir *la communication politique aura trois dimensions* : une, classique, de marketing politique ; l'autre, de moteur de l'espace public national ; la troisième enfin, de moteur de la cohabitation culturelle au plan international. La *communication politique* sera le moyen de faire vivre le triangle identité-culture-communication à la fois au plan national, régional et international. C'est en cela qu'elle est l'un des moteurs de la cohabitation culturelle.

Les risques

Il y a plusieurs impasses possibles pour la diversité culturelle, c'est-à-dire plusieurs manières d'organiser une cohabitation culturelle au « rabais ». Toutes concernent évidemment plus ou moins le communautarisme et toutes les formes de « clanisation », d'« ethnicisation » des relations sociales. L'enjeu est de préserver une cohabitation culturelle qui accepte l'hétérogénéité sociale *et* qui reflète ce que nous avons appelé l'identité culturelle collective.

Autrement dit, il ne s'agit pas seulement de cohabitation d'identités culturelles, mais aussi de prise en compte des dimensions *sociales*. Valoriser la dynamique sociale et son hétérogénéité est une condition indispensable pour échapper aux différentes formes d'ethnicisation et de communautarisme qui, d'une manière ou d'une autre, *réifient* les identités culturelles. Derrière cette question se profile aussi le *culturalisme*, qui est une manière soit de désocialiser la culture en lui retirant les *liens* avec toutes les autres dimensions politique, économique, sociale, soit de survaloriser la dimension culturelle par rapport aux autres dimensions de la société. Les recherches en communication qui relèvent des *cultural studies*, initiées en Grande-Bretagne à partir des années 70, avaient été pionnières en ce domaine. Il faut maintenant aller beaucoup plus loin et innover. Actuellement plusieurs courants coexistent, mais les plus originaux ne renvoient ni au communautarisme ni au culturalisme, mais justement à ce mélange permanent de données sociales, politiques et culturelles qui permettent à différents groupes sociaux de s'imposer et de mener des combats sociopolitiques.

À côté de cette dérive communautariste, et de son double – le culturalisme –, une autre voie difficile concerne celle des *droits culturels*. C'est pourtant un puissant mouvement militant qui, depuis trente ans, à l'ONU et à l'Unesco, entre autres, tente d'*élargir* les Droits de l'homme. Après les *droits politiques* des années 50, l'existence de *droits économiques et sociaux* a pu être pensée, notamment sous la pression de l'URSS. Beaucoup aujourd'hui essaient d'y adjoindre les *droits culturels* qui consacreraient l'importance des langues, de l'éducation, des cultures. Cette idée, très proche du projet politique de cohabitation culturelle, se heurte souvent, au plan international, à des définitions très différentes de la culture, des rapports entre culture et communication, état et société, culture et religion, culture et société, mais aussi à des antagonismes fréquents avec les droits politiques démocratiques. Dans beaucoup de pays, et notamment au Sud, on serait prêt à accepter les droits culturels, comme revendication identitaire, *mais pas* forcément les Droits de l'homme et la démocratie. Les droits culturels sont rejetés, comme la démocratie, et réinterprétés dans un sens qui n'a pas grand-chose à voir avec le projet initial. C'est ici que l'on mesure le lien entre un projet de cohabitation culturelle *et* l'existence d'un projet politique démocratique.

Avec la diversité culturelle, on est toujours sur le fil du rasoir entre identité-refuge et identité-relation, entre communautarisme et cohabitation culturelle. Les droits culturels pour soi obligent à reconnaître des droits culturels pour les autres, donc des *devoirs* culturels pour soi. Le problème n'est donc pas seulement la bataille pour les droits culturels, effectivement tout à fait complémentaire de celle pour les droits politiques et économiques, il est que, face à la pression de certains États, elle ne conduise pas, de compromis en compromis, à une simple reconnaissance du « droit aux différences culturelles ». Ce « droit aux différences », qui rappelle plutôt le différencialisme, est à l'opposé de la problématique du droit culturel comme droit démocratique nouveau. En somme il y a trois visions de la diversité culturelle : celle des élites, qui renvoie facilement au cosmopolitisme d'aéroport, celle des exclus, qui cherchent des repères et sont sensibles à l'identité-refuge, celle des privilégiés, qui ont en charge de construire l'identité culturelle relationnelle.

Les défis ne se recoupent pas directement. La *diversité culturelle* n'a pas le même sens selon que le mot est véhiculé par les industries culturelles mondiales ou qu'il est revendiqué comme enjeu politique nouveau. De même pour les *droits culturels*. Ils sont à la fois la suite des droits économiques et sociaux dans la perspective de l'élargissement de la démocratie, *et* la revendication, qui n'est pas forcément démocratique, de tous ceux qui s'accrochent à l'identité culturelle-refuge. Enfin, la *cohabitation culturelle* reconnaît l'importance de la diversité culturelle collective, liée à un projet politique, mais elle peut aussi se transformer en une revendication proche du communautarisme.

Autrement dit, cette revendication culturelle, qui est un phénomène en pleine expansion, est par là même ambiguë. Entre un projet politique qui donne un sens à la diversité culturelle *et* une réification des identités culturelles, la marge de manœuvre est assez étroite. Surtout tant qu'il n'y a pas de conflits sociaux qui permettent de *distinguer* plus facilement les différentes logiques à l'œuvre dans ces revendications culturelles. Entre la culture-conquête supplémentaire de la démocratie, la culture-refuge prétexte à tous les culturalismes et la culture-paravent de régimes beaucoup moins démocratiques, la différence peut être faible... Entre la culture et la communication, comme étape suivante, à l'échelle mondiale, de la longue bataille pour la démocratie, *et* la culture et la communication, comme principe d'un gigantesque communautarisme à l'échelle mondiale, la différence est également faible, mais essentielle.

En réalité, avec la *diversité culturelle*, enjeu politique majeur du XXIᵉ siècle, il faut choisir. *Soit* on bascule finalement vers une forme de communautarisme, *soit* on arrive à penser un projet politique spécifique, en reliant ce nouvel enjeu à la tradition politique universaliste née au XVIIIᵉ siècle. Dans le premier cas, communautarisme et culturalisme sont très proches ; dans le deuxième cas, c'est l'analyse politique qui prime, mais la dimension culturelle se trouve au cœur de l'action politique.

Pour éviter la dérive culturaliste et ses liens possibles avec des régimes politiques conservateurs ou autoritaires, il faut essayer de *lier* la question de la diversité culturelle à celle de l'hétérogénéité sociale, culturelle et politique. *C'est en reliant la culture au social et au politique que l'on peut éviter les dérives identitaires.* En cela la cohabitation culturelle est inséparable d'un projet politique où l'on retrouve les Droits de l'homme et l'universalisme. Ainsi, au lieu de simplifier le jeu politique, elle le complique.

La culture n'est plus une « variable » supplémentaire, c'est d'une certaine manière ce qui, dans la société, condense toutes les luttes politiques, démocratiques, économiques et sociales à venir. Elle n'est pas « à côté » des Droits de l'homme, mais au cœur de ceux-ci. Autrement dit, *oui* à la cohabitation culturelle – ce qui oblige le Nord à plus d'ouverture au Sud –, mais *non* à l'idée, soit d'une culpabilité définitive du Nord, soit d'un primat donné à l'approche culturelle et qui mettrait sur un pied d'égalité tous les pays à forte identité culturelle, certains étant démocratiques et d'autres autoritaires ou despotiques. La référence au projet politique, c'est-à-dire à l'inscription dans la tradition démocratique, permettra de faire des différences. Oui, l'identité culturelle est partout importante. Non, elle ne permet pas d'oublier les autres critères sociaux et politiques. Et c'est bien la référence à la tradition démocratique qui permet d'éviter l'irrédentisme culturel.

Pour la tradition démocratique à laquelle j'appartiens, la culture ne justifie pas tout. Elle n'est pas « au-delà ». Elle doit être aujourd'hui davantage prise en compte dans sa diversité, au plan matériel, et surtout au plan international, mais elle ne peut être pensée et organisée *hors* des cadres démocratiques. *Le lien diversité culturelle-pratique démocratique doit être absolument préservé.*

C'est pourquoi ce qui tourne autour de la culture est toujours « explosif »... Face aux pertes d'identité, tout ce qui est perçu comme culturel devient la *dernière* ressource politique. Ce qui signifie que ce *lien* culture-politique, qui va être de plus en plus fort avec la déstabilisation provoquée par la mondialisation, devra être surveillé avec vigilance afin qu'il se construise dans une perspective démocratique et non dans une logique de repli ou d'irrédentisme ; dans une perspective d'identité culturelle collective, et non dans celle d'une identité culturelle-refuge. La différence entre les deux est essentielle, mais d'autant plus difficile à distinguer que, dans la réalité, rien n'est clair. Entre les Droits de l'homme et le différencialisme, il faudra choisir – et souvent la différence est peu visible.

C'est un peu la survie de l'Unesco qui, entre autres, se joue là. Pour l'instant, l'Unesco joue la fuite en avant, préférant produire des textes généraux qui ne soulèvent aucun problème afin que tous les États puissent signer. Pourquoi pas. Mais jusqu'où une telle ambiguïté est-elle possible ? Ce faux unanimisme n'est-il pas souvent plus dangereux que fécond ? À quoi bon réunir ensemble des régimes que tout sépare, y compris probablement leur définition de la culture, et des liens entre culture, communication, société et politique ? L'Unesco ne pourra échapper à des choix radicaux, et ce, d'autant moins qu'elle est l'organisation internationale chargée de la culture. Si en son sein les enjeux fondamentaux ne sont pas posés, où le seront-ils ?...

Cohabitation culturelle et universalisme

La diversité culturelle est le fait qui s'impose à l'horizon de la mondialisation. Soit elle est traitée sur le mode culturel, et conduit au communautarisme et non au culturalisme, soit elle est traitée sur le mode politique, et l'on peut essayer de construire le concept de cohabitation culturelle.

La cohabitation culturelle souligne à la fois le caractère indépassable de l'identité et l'obligation de gérer le rapport avec la communication et la société. L'*identité* n'est plus directement synonyme d'intégration et d'unité. Il y a des identités plurielles qui apparaissent. La mondialisation oblige à revoir par exemple ce que l'on entend par identité nationale. La réalité est que plus il y a d'ouvertures, plus il faut un principe fédérateur comme celui de l'identité, à condition que celui-ci ne soit pas trop rigide. *L'universalisme est à la fois confronté aux irrédentismes identitaires et aux multiples formes de différentialisme.*

Si la cohabitation culturelle réussit, l'universalisme s'enrichit d'un apprentissage des identités culturelles et d'une réflexion sur la communication, ce qui revitalise le rôle de l'ONU. On retrouve d'ailleurs le principe selon lequel la communauté internationale repose sur la reconnaissance des identités. Si la cohabitation culturelle échoue, l'universalisme sera en crise, avec comme risque une montée des affrontements à caractère culturel, notamment religieux. Mais ce choc n'a rien d'inéluctable. Il est une des options si le triangle infernal identité-culture-communication éclate. Tout l'enjeu de la cohabitation culturelle, et au sein de celui-ci le concept d'identité, est de trouver le moyen politique d'éviter cette guerre et de faire cohabiter un certain universalisme avec le respect des différences.

La cohabitation culturelle pourra-t-elle nous éviter un « choc des civilisations » ? On connaît la thèse de Samuel Huntington, qui présente le heurt comme inévitable, comme s'il n'y avait aucune marge de manœuvre. Le succès même de cette thèse simpliste et déterministe illustre le besoin urgent d'*autres* réflexions sur la question des rapports entre culture et communication. En un mot, le thème de la guerre des civilisations est le symbole de l'incapacité à avoir pensé les rapports entre identité-culture-communication depuis un demi-siècle. Rien, du côté de la théorie et de la politique, n'est venu non plus compenser les problèmes posés par l'ouverture économique. La culture et la politique sont en retard sur l'économie, et l'on doit rattraper ce retard si l'on ne veut pas que les contradictions liées à la globalisation économique amplifient les risques de guerre.

La problématique que pose la cohabitation culturelle permet aussi de renouer avec une réflexion sur les rapports entre *identité et minorité*. S'il n'y a pas de minorités sans identités, c'est peut-être le renouveau d'une réflexion sur l'identité qui permettra d'élargir le concept de minorité. Constater l'explosion des guerres interethniques au Sud et au Nord demain, comme on l'a vu avec la Yougoslavie, ne doit pas être confondu avec la problématique de l'identité multiculturelle. C'est parce que l'enjeu politique de la cohabitation culturelle n'arrive pas à être posé depuis une vingtaine d'années que la diplomatie est souvent impuissante à empêcher l'émergence des guerres ethniques.

Les conflits interethniques sont en réalité l'inverse de l'identité culturelle collective à construire. Ils sont le legs de l'histoire coloniale, ou le lointain écho d'histoires précoloniales, ou encore le résultat du placage de modèles institutionnels sur des réalités culturelles ignorées ou bafouées. Dans tous les cas, ces conflits, de plus en plus nombreux, fondés sur une identité culturelle-refuge, n'illustrent pas l'échec de la problématique de l'identité : au contraire, ils l'appellent. Non seulement l'identité renvoie à la culture et à la communication, mais elle renvoie aussi au fonctionnement des sociétés individualistes de masse et à la nécessité de gérer identité et pluralisme au sein des relations internationales.

Notons, dans le même ordre d'idées, que la problématique de la cohabitation culturelle aurait été impensable dans l'Europe du début du XXe siècle, alors qu'il n'était question que de nationalisme, de souverainetés étatiques, de domination de la civilisation blanche, de conquête du monde… Que de chemin parcouru ! Mais pour arriver à ce concept, qui suppose l'égalité et le respect des cultures partenaires, l'absence de hiérarchie, la reconnaissance des apports mutuels, l'idée que les identités sont le résultat d'emprunts mutuels…, combien a-t-il fallu de conflits, de millions de morts et d'humiliations ?

Cette expression cohabitation culturelle, à elle seule, est une revanche contre la violence de l'Histoire, où maintes fois, au nom de l'identité culturelle, les hommes se sont battus. Elle suppose deux principes complémentaires : l'idée de non-hiérarchie des cultures *et* la reconnaissance de l'importance des emprunts mutuels comme processus permanent de négociation. Elle est l'envers de la haine et du racisme, l'enfant de l'universalisme.

L'idée de cohabitation culturelle était impossible tant que l'Occident pensait être au sommet d'une hiérarchie mondiale des cultures, et tant qu'il pensait que la supériorité économique et technique ouvrait droit, naturellement, à une supériorité culturelle. Beaucoup d'États-nations le croient encore… D'autre part, la cohabitation culturelle signifie la reconnaissance du fait qu'il *n'y a pas* de « culture mondiale ». Il y a partout des métissages individuels et collectifs, des passerelles qui se construisent et se détruisent entre les sociétés et les cultures. Et des identités qui, selon les époques, sont plus ou moins agressives ou relationnelles. Elle suppose aussi de reconnaître la diversité des échelles de temps, même si depuis cinquante ans la mondialisation de l'information a beaucoup changé les manières de voir le présent. En réalité, penser la cohabitation culturelle oblige à inventer et à intégrer aussi toutes les autres motivations liées à la société individualiste de masse, à la culture moyenne, aux médias de masse, à la décolonisation, aux voyages, au tourisme. Sans oublier les différentes formes de réflexion critique qui, du marxisme au tiers-mondisme et aujourd'hui à l'antimondialisation, essaient de penser autrement le monde. À condition certes que cela ne donne pas naissance à des idéologies totalitaires ou à de monstrueux systèmes d'exclusion, comme on l'a vu au XXe siècle.

Tout cela ne signifie pas la fin des conflits culturels, ethniques, religieux, identitaires, expansionnistes, mais l'existence, au moins, d'un cadre alternatif par rapport auquel situer demain la question du dialogue des cultures. Le concept de cohabitation culturelle vient après celui d'expansionnisme, de nationalisme, d'impérialisme, et il implique un minimum d'intercompréhension et de tolérance, car l'idée de cohabitation culturelle renvoie toujours à celle de dialogue et de négociation.

C'est donc un concept de même niveau que celui de culture et de communication politique. À la fois il est la reconnaissance de l'importance du facteur culturel et, grâce à une problématique normative de la communication, il implique le dépassement du culturalisme qui est toujours une affirmation identitaire au détriment d'une autre culture. Dans le culturalisme, il y a toujours un irrédentisme qui sommeille. En cela la cohabitation culturelle est un appel à une réflexion politique sur la culture qui, à son tour, rétroagit sur la politique classique.

En fait, l'identité reste la question à traiter dans le modèle de la cohabitation culturelle. C'est le seul moyen de gérer le triangle identité-culture-communication. À condition, à chaque fois, de valoriser la dimension normative de ces trois pôles : une culture définie au sens large, une communication qui reconnaît l'altérité, une identité qui soit relationnelle et non agressive. Et si l'identité n'a pas exactement le même sens dans le cadre de l'État-nation que dans celui des relations internationales, le problème est *bien le même* : celui de savoir comment passer d'une *identité-refuge* à une *identité relationnelle*. La force de la cohabitation culturelle est évidemment de valoriser l'identité relationnelle au détriment de l'identité-refuge ; de valoriser la relation, fût-elle difficile, contre la hiérarchie et l'exclusion. La cohabitation culturelle est le concept qui essaie de gérer *à la fois* l'augmentation de mobilité, la résurgence des identités et la volonté de refuser l'identité agressive au profit de l'identité relationnelle.

De toute façon, pour que ce concept s'impose, il faudra du temps, des conflits, des allers-retours ; mais, pour le moment, il n'y en a pas d'autres à notre disposition pour essayer de sauver les contradictions liées à l'émergence de ce triangle explosif identité-culture-communication. On retombe toujours sur la même hypothèse, le primat de la relation sur celui de l'affirmation, avec un certain progrès entre le XXe et le XXIe siècle.

Au XXe siècle, avec la décolonisation, la problématique politique l'a emporté sur la culture. Au XXIe siècle, avec la mondialisation, c'est l'inverse. On réalise que, pour de nombreux pays pauvres, l'*indépendance politique* est impuissante face à la mondialisation économique. Cela ne signifie pas que l'indépendance politique devienne seconde, mais que sans respect de l'identité culturelle, elle est faible. Souvent le respect de l'identité culturelle est un facteur essentiel de sauvegarde de l'indépendance. C'est cela le changement : un déplacement du rapport entre indépendance politique et identité culturelle, telles qu'elles avaient jusque-là été pensées.

État, cohabitation, communauté internationale

La cohabitation culturelle, à construire, doit combler un vide. L'ONU, l'OMC, les ONG... ne suffisent pas à traiter la question de la diversité culturelle, et pas même l'Unesco. Il faut donc construire un *niveau intermédiaire* entre la logique des États et celle des institutions internationales où l'on retrouve les solidarités régionales, le poids des langues, des histoires et des traditions. Mais pour que ce *maillage intermédiaire* ne se referme pas sur des irrédentismes ou de vieux facteurs de violence, il faut veiller à ce que ce concept normatif de cohabitation culturelle reste lié au projet démocratique.

À l'issue de la guerre, le grand concept a été celui de *communauté internationale*. La notion de *cohabitation culturelle* en est aussi issue. C'est une réponse à la mondialisation : un niveau intermédiaire entre celui des États et les organisations internationales, un moyen de nouer le dialogue Nord-Sud si indispensable pour la paix de demain. La cohabitation culturelle ne surgit pas de rien ; elle repose sur les legs de l'Histoire, de la tradition politique démocratique, pour essayer lentement de créer de nouveaux liens de solidarité. Elle relance la problématique des solidarités et des histoires régionales sur fond des institutions mondiales. Elle relance aussi une réflexion sur la diversité culturelle, à l'aune des industries de la culture et de la communication.

Par là même peut se renouveler une *réflexion sur l'État*. On le sait, la mondialisation devait sonner le glas des États. Trop accrochés à leurs souverainetés et à leurs pouvoirs, ils constituaient autant de freins à l'« expansion » de l'économie mondiale. Ils relevaient presque d'un « archaïsme politique », en tout cas d'une forme de régulation politique, « inadaptée » à la nouvelle échelle du monde. Ce discours a surtout été tenu par les partisans d'une mondialisation économique marquée par le modèle libéral américain, qui simultanément préconisaient la dérégulation mondiale et un certain protectionnisme... En réalité, c'est l'inverse. Plus il y a de mondialisation, plus il faut renforcer les institutions internationales *et* le rôle des États-nations, lesquels, dans le cadre essentiel de la cohabitation culturelle, sont la condition de

préservation des identités culturelles. On le voit tragiquement en Afrique depuis trente ans, de la Somalie à l'Algérie,
du Soudan au Congo, du Rwanda à la Côte d'Ivoire, de
l'Angola au Mozambique...

Si les identités culturelles nationales ont été largement
facteur de guerre depuis deux siècles, le problème est
aujourd'hui exactement inverse. Le niveau des États est
indispensable, à la fois pour préserver les identités, organiser
le dialogue des cultures et réguler la mondialisation de la
communication.

Le niveau intermédiaire de la cohabitation culturelle à
construire suppose simultanément le renforcement à tous les
plans – historique, culturel, institutionnel – des États-nations.
Il n'y a pas de solidarité possible, au niveau multiculturel,
sans l'existence préalable d'une intégration assurée par les
États. Si la cohabitation culturelle, au niveau international,
recoupe plusieurs problèmes – histoire, nation, frontières,
organisation régionale, internationale, immigration, histoire
coloniale –, c'est à la condition que le cadre de l'État-nation
subsiste. Les déstabilisations créées par la mondialisation
seraient encore plus fortes s'il ne restait pas le *maillage* des
États-nations, aussi arbitraire et imparfait soit-il. Et ce n'est
pas le monde « en réseaux », au sens de nouvelles techniques
de communication, qui invalidera le rôle des États, car les
réseaux relèvent de la même problématique que celle du
communautarisme. En effet, et on ne le dit jamais assez, ils
sont utiles pour mettre en relation des individus ou des collectivités identiques, ayant des intérêts communs, mais ils
sont inopérants pour gérer l'autre question fondamentale, à
l'origine de l'existence de toute société, et *a fortiori* de la
communauté internationale, à savoir *l'hétérogénéité et l'altérité*. Or, le point de départ de la cohabitation culturelle est
justement la reconnaissance ainsi que la légitimité accordées
à l'idée d'altérité, et non pas sa suppression. Le réseau est
toujours du côté du même, c'est pourquoi d'ailleurs il séduit
toujours, mais il laisse entière l'autre question : que faire de
ceux qui sont hors réseau ? Car la société, par définition, a
pour objectif d'essayer de faire tenir ensemble des groupes
hétérogènes.

Le génie des hommes politiques, à l'issue de la Seconde Guerre mondiale, a été de créer ce niveau international de coopération qu'est l'ONU. Il a résisté à la guerre froide et aux décolonisations, et a pu se développer, parallèlement aux États, qui à l'époque étaient très jaloux de leur souveraineté. Avec la mondialisation, les États-nations ont été déstabilisés, à la fois dans leur rôle et dans leurs capacités d'action. Le troisième temps, dans lequel on entre, suppose le renforcement de l'ONU – avec son pouvoir de négociation au niveau international –, la naissance de ce concept intermédiaire de cohabitation culturelle – pour penser le double mouvement de renforcement de la communication et du dialogue des cultures, enfin le renforcement des États-nations.

Propositions

Assumer la diversité des langues

Il faut pour cela préserver *partout* les langues nationales, les langues créoles, les dialectes… C'est le rôle de l'école et des médias. Pas de cohabitation culturelle si tout le monde parle anglais : une langue n'est pas seulement un ensemble de mots, c'est aussi et surtout une manière de penser, de rêver, d'imaginer de voir le monde. On ne fait pas les mêmes associations d'idées, les mêmes constructions mentales, les mêmes raisonnements d'une langue à l'autre. On ne pense pas de la même manière en russe, en chinois ou en anglais. C'est pourquoi le fantasme d'une plus grande efficacité dans les échanges mondiaux, si tout le monde utilisait Internet et l'anglais, n'a aucun sens. C'est encore une fois une vision technique de la communication.

La pluralité des langues est la première condition de la diversité culturelle, qui est la première réalité politique du monde contemporain. Suivant la proposition de Claude Hagège, on pourrait prôner l'apprentissage de trois langues assez tôt : la langue nationale, une langue connexe de son choix et l'anglais. Le problème n'est pas l'usage de l'anglais, mais le fait que les *autres* langues ne sont pas valorisées.

Les langues illustrent d'ailleurs l'enjeu d'une « culture dématérialisée », c'est-à-dire non réduite aux patrimoines et aux objets. Avec une place croissante de la communication et des flux, il faut *élargir* la définition de la culture afin qu'elle embrasse beaucoup plus de dimensions, y compris immatérielles. Avec d'ailleurs un *paradoxe* : la culture se dématérialise, mais simultanément la revendication territoriale ne cesse de croître, comme le montrent tous les conflits depuis la fin du communisme. Comme si le *territoire* était de plus en plus le complément de l'identité culturelle. En tout cas, *ce besoin de territoire* relativise le discours des années Internet, pendant lesquelles il n'a été question que de nomadisme et de réseaux.

Revenons à notre propos : pas d'identité culturelle possible sans langue. *La langue, c'est l'identité.* Il n'y a aucune identité culturelle possible sans respect des identités linguistiques. Et si l'identité culturelle est aujourd'hui plus vaste que l'identité linguistique, il n'y a néanmoins pas d'identité culturelle sans identité linguistique. Cette absence de lien entre langue et identité culturelle est d'ailleurs la faiblesse de l'anglais, du fait de son statut de langue « standard » de la communication. En revanche, la force du français, de l'italien, du portugais, du japonais, de l'espagnol... est le lien fort entre langue et identité culturelle. Tous les vieux pays ont établi un lien fort entre *indépendance-identité-nation-langue-citoyenneté.* Cette équation n'est plus aussi pertinente aujourd'hui car, pour de nombreux pays, l'indépendance politique est un leurre, mais l'identité linguistique reste toujours une condition forte de l'identité culturelle, dont on a vu qu'elle est parfois plus importante que l'identité politique. Plus il y aura d'échanges, plus le respect de la diversité culturelle sera effectif, et plus le lien langue-culture sera à préserver.

Promouvoir la laïcité

L'indépendance à l'égard du pouvoir militaire est à peu près acquise dans la culture démocratique ; il n'en est pas de même à l'égard de la religion. Trop de religions restent des religions d'État, et même si tous les gallicanismes ne sont pas à l'origine de fondamentalismes, il est vrai aussi – notamment avec l'islam aujourd'hui, hier l'orthodoxie, et avanthier le catholicisme – que le lien pouvoir politique-pouvoir religieux est toujours dangereux. *A fortiori* dans le cadre de la diversité culturelle où il s'agit de rapprocher des sociétés dans lesquelles les différences religieuses sont déjà très importantes. Le lien religion-pouvoir politique est alors incontestablement un facteur supplémentaire de rigidité. La *laïcité*, comme régime de séparation du politique et du religieux, permet au moins de simplifier la problématique culturelle. Sinon, et on le voit dans de nombreuses régions du monde, la religion subvertit la culture, et la culture devient politique au travers de la religion. Établir progressivement la laïcité est sans doute l'une des conditions les plus fortes de la diversité culturelle.

Garantir le pluralisme médiatique

Dans la guerre de l'information mondiale, deux conditions sont essentielles à la préservation du pluralisme culturel. Maintenir des médias nationaux forts, à la fois pour la presse écrite, la radio, la télévision, et plus généralement pour l'existence d'industries de la culture et de la communication, avec le cinéma, le théâtre, la musique... Quelle identité culturelle si la collectivité ne maîtrise pas un peu la production et l'utilisation de ces différentes formes culturelles ? Cette indépendance, ou autonomie des industries culturelles, passe *aussi* par la préservation de grands médias nationaux, avec si possible un relatif équilibre entre le secteur public et le reste de l'industrie des médias. Si le secteur public audiovisuel est trop faible, c'est une des sources de l'identité culturelle nationale qui disparaît. Le secteur public ne garantit rien, mais il préserve une problématique identitaire de communication importante, au moment où l'on ne parle que des vertus de l'ouverture et de la « fin » des frontières.

Ensuite il faut dès que possible créer des *chaînes d'information mondiales* pour compenser le monopole de CNN et de la Fox, qui restent avant tout des chaînes américaines. Dans la guerre de la communication mondiale, la représentation véhiculée par l'information est fondamentale. Les chaînes d'information sont le symbole du surgissement du couple culture-communication. La mondialisation de l'information oblige à respecter beaucoup plus la diversité des points de vue sur les événements. À côté de CNN, de la Fox et de BBC World, il faut renforcer Euronews qui joue un rôle fondamental de structuration de l'espace public européen. Curieusement, il n'est question que de la richesse de la diversité culturelle de l'Europe, dans le même temps où, tous les six mois, la question de la survie d'Euronews se pose. Si par malheur Euronews disparaissait, il faudrait recréer une autre chaîne ! En outre, il faut aussi créer, et avec *ambition*, une chaîne francophone d'information.

Demain informer sera plus difficile du fait de la pluralité des points de vue, mais c'est le prix indispensable à payer pour que la diversité culturelle soit un fait. Que l'on se souvienne de la guerre du Golfe, et plus récemment de la guerre d'Afghanistan, où les Américains, vexés, ont été obligés d'admettre que la chaîne d'information Al Jazira était plus performante que CNN. Pour la diversité culturelle, il est essentiel que le monopole de l'information mondiale ne soit plus tenu par les Occidentaux et qu'il y ait un minimum de concurrence afin que plusieurs visions du monde puissent cohabiter. Le Sud, et même de nombreux pays du Nord, supporteront de moins en moins une information qui ne prenne pas en compte cette diversité culturelle, surtout quand l'information concerne des pays en position délicate. On l'a vu, par exemple, avec les crises financières qui ont largement déstabilisé la Thaïlande, le Mexique ou, plus récemment, l'Argentine. Le traitement de ces informations a été perçu comme humiliant parce qu'on y présentait ces grands peuples « condamnés » par le FMI et la banque mondiale au nom de la seule logique économique. On sait l'effet désastreux des images qui ont, alors, parcouru le monde.

Les Américains, les Britanniques, les Français supporteraient-ils que l'on donne, avec tant de désinvolture, une telle représentation d'eux ? Le résultat est, en tout cas, une *réelle humiliation* qui nourrit un profond antiaméricanisme. Et que dire quand, au lendemain du 11 septembre 2002, par le traitement qu'ils réservaient à l'information, les médias occidentaux ont pu laisser entendre que 3 000 morts au Nord valent toujours beaucoup plus cher que 40 000 ou 400 000 morts au Sud ?

Comment les Américains apprécieraient-ils l'information qui dénoncerait le laxisme financier qui a conduit au krach boursier du printemps et de l'été 2002 ? Sans même parler des faillites pour spéculation de Enron, World.com ou du cabinet Anderson, de réputation « mondiale » ?

Non maîtrisée, l'information mondialisée peut être ressentie comme un viol collectif et revenir tel un boomerang pour les États-Unis ; mais c'est également vrai pour les Européens qui, s'ils ne partagent pas la conception américaine de l'information, sont cependant incapables de se distinguer, du moins de le faire savoir... Cette incapacité en dit long sur notre dépendance culturelle.

Les Européens ont naturellement une sensibilité culturelle plus forte aux autres sociétés, et devraient non seulement traiter d'autres sujets, mais aussi parler différemment de la politique internationale. Diversifier la manière dont l'information internationale est faite est essentiel pour la paix de demain. La presse européenne, dans son ensemble, n'est pas à la hauteur de cet enjeu, comme si elle n'avait pas tiré les leçons de la décolonisation et des grands conflits du tiers-mondisme.

Relier diversité culturelle et Droits de l'homme

Pour que la diversité culturelle ne réveille pas les irrédentismes, il faut qu'elle soit liée à la pensée politique démocratique. Par exemple, tout doit pouvoir être discuté, notamment l'histoire des rapports entre l'Europe et le reste du monde, mais à condition de sortir du cercle vicieux du *procès*. C'est le cas pour l'esclavage et la colonisation où, rapidement, il n'est question que de réparations – ce qui inhibe toute réflexion pour le présent. Les Blancs d'aujourd'hui ne sont pas les négriers d'hier, et la repentance a une limite.

En fait, il faut sortir de la logique de la condamnation et de l'expiation pour parvenir au dialogue, à la relation. Entre les dominants et les dominés d'hier, il y a une *histoire commune*, qui crée des liens, d'autant que, le plus souvent, les uns et les autres adhèrent aux mêmes valeurs démocratiques. L'Europe, de ce point de vue, a une chance historique, sur laquelle nous reviendrons. Mon hypothèse est que les liens de domination d'hier peuvent devenir des atouts dans le cadre de la cohabitation culturelle à construire. C'est aux anciennes puissances coloniales de faire le premier geste. Non par repentance, mais pour marquer le début d'une « communauté d'histoire ».

Dans la dynamique de la décolonisation, par exemple, le métissage et la créolité ont joué un rôle déterminant. Ces langues et cultures ont su s'affirmer, prendre place dans la société, et conquérir le pouvoir économique et politique. Les métis, créoles, demis, selon les noms qu'ils portent dans différentes aires culturelles, ont souvent été aux avant-gardes de la décolonisation, puis de l'émancipation, ils l'ont servie et s'en sont servis. Dans l'histoire des idées politiques, de la littérature et de la création, les intellectuels métis ont joué un rôle considérable, de sorte que le concept de métissage est aujourd'hui valorisé, même si les identités métis peuvent aussi rencontrer des difficultés. La référence et la réalité métis condensent une bonne partie des problèmes de la communication culturelle. Que faut-il faire pour que progresse la réflexion dans ces domaines essentiels ?

D'abord, sortir de la vision dichotomique selon laquelle les Blancs sont fondamentalement mauvais et les créoles ontologiquement bons, parce qu'ils sont enfants d'exclus. Ensuite, poser la question de savoir jusqu'où les différents groupes de métis ont eu le droit de s'approprier l'identité culturelle des peuples autochtones, quitte à les marginaliser. Enfin, il faudrait explorer la *diversité* des situations historiques et des rapports de force, des emprunts et des coopérations entre Européens, métis et autres populations autochtones, Indiens, Chinois, Malais, Arabes... Et il y a là un travail de *connaissance* et de comparatisme à entreprendre, pour sortir des stéréotypes et des visions simplistes.

Les métis sont un groupe « test » pour l'analyse et le fonctionnement de toutes les sociétés multiculturelles. Si un débat serein parvient finalement à s'instaurer, avec la possibilité de sortir d'une histoire où dominent contentieux, légitimité, culpabilité, réparation, il sera possible d'être optimiste sur les chances de la cohabitation culturelle. Si, au contraire, il n'est pas possible de sortir de la logique de l'affrontement, il y aura de quoi être pessimiste sur la mise en place du troisième pilier de la mondialisation. Bien sûr il y a des réussites historiques qui ouvrent de grands espoirs, par exemple le Brésil qui est le cas le plus remarquable, ou, dans un tout autre contexte, mais symbolique politiquement et religieusement, l'île Maurice dans l'océan Indien.

Valoriser l'apport de l'immigration

Tout est mélangé dans les discours : étrangers, immigrés, Occident, violence, pays du Sud, pays d'outre-mer, racisme, populisme. En tout cas, depuis une vingtaine d'années, l'atmosphère n'est pas à l'ouverture culturelle. Ce sont les milieux du sport, de la musique, des médias et du cinéma qui sont les plus ouverts, et les meilleurs ambassadeurs du multiculturalisme restent les footballeurs, Zinedine Zidane en tête. Au-delà des intérêts matériels, la communion dans le sport est probablement le meilleur facteur, non pas de rapprochement, mais de contact entre les peuples et les cultures.

La première sensibilisation par ailleurs reste la *connaissance*. Il est indispensable, par exemple, de vulgariser l'histoire des immigrations en Europe, surtout depuis 1918, pour qu'il soit enfin admis que l'immigration a joué un rôle fondamental dans le développement de nos pays. Si l'Europe acceptait plus naturellement, et fièrement la dette qu'elle a, *depuis toujours*, envers les immigrations, les discours d'extrême droite n'auraient pas, depuis trente ans, l'ampleur qu'on leur connaît.

L'hypocrisie et le manque de courage des Européens à l'égard de leur propre histoire expliquent l'ampleur et la « légitimité » du racisme banal et tranquille qui nous entoure. Relativiser le mythe des États-Unis comme « melting-pot » est également nécessaire quand on sait la politique ségrégationniste qui a existé sur l'immigration, jusqu'au puissant mouvement hygiéniste qui voyait dans l'immigration une menace pour la nation et un risque de dégénérescence pour la « race » américaine. Et ce, jusqu'à la loi de 1924 contre l'immigration, de peur que les « chétifs immigrés » n'affaiblissent la qualité des Américains. Bref, il faut reprendre ces débats, admettre qu'ils sont récurrents, et introduire de la connaissance pour desserrer l'étau de l'idéologie.

Il est également nécessaire de rappeler le rôle central des peuples d'outre-mer dans les deux guerres mondiales et de revenir sur la manière, assez complexe en définitive, avec laquelle on parlait de ces peuples et cultures dans les différentes expositions coloniales et universelles de 1860 aux années 60. Bref réaliser que le thème de l'unité nationale confrontée aux immigrations fait depuis longtemps partie des débats, des fantasmes, des idéologies, en France, en Europe et dans le monde. Il faut en outre rappeler les conditions de peuplement de l'Afrique du Sud, de l'Australie et de la Nouvelle-Zélande, car elles illustrent assez bien la vision que les Européens avaient de leur place dans le monde. Sans oublier les affrontements russo-chinois du début du siècle, ou les dégâts de l'expansionnisme japonais à partir des années 30. La thèse des « cultures supérieures » et des « nations menacées » fait partie de tout l'espace politique national et international depuis plus d'un siècle. La connaissance ne suffira pas à dépasser ces préjugés, mais elle permettra de les connaître et de les mettre en perspective.

Nord-Sud : mieux informer

Il faut d'autre part accroître l'information sur les inégalités économiques entre le Nord et le Sud, afin de rappeler qu'il n'y a pas de multiculturalisme possible, condition de partenariat, sans un minimum de développement économique, donc de respect mutuel. La misère empêche toute culture, et l'invasion des produits du Nord accentue le rejet culturel. C'est le même effet avec la déréglementation et la logique implacable de la banque mondiale et du FMI. Bien sûr la frontière Nord-Sud est appelée à évoluer et les pays émergents ont prouvé que le Sud n'est pas homogène, et que les rapports Sud-Sud ne sont pas forcément moins injustes que ceux entre le Nord et le Sud. Mais ce vocabulaire, aussi imparfait soit-il, désigne néanmoins une réalité. Il rappelle que l'essentiel du rapport Nord-Sud n'est pas d'ordre économique, mais de l'ordre de la dignité. C'est dans les regards portés – réciproquement, car il ne faut surtout pas idéaliser le Sud – que les choses doivent changer. *Nord-Sud est une frontière symbolique, avant d'être réelle*, mais elle devient de plus en plus perceptible au fur et à mesure de la visibilité assurée par les médias.

Quelle est la différence essentielle par rapport à il y a trente ans ? Chacun, dans le Sud, grâce à la mondialisation de l'information connaît à la fois les immenses gâchis et spéculations existant dans son pays, avec la bénédiction de l'économie capitaliste, en même temps que les *conditions humiliantes* avec lesquelles les institutions internationales interviennent. Beaucoup d'injustices, d'inégalités, de crimes restent impunis et en même temps les peuples sont tenus à résidence, pointés du doigt et considérés comme incapables d'assurer leur développement. L'Amérique latine le sait depuis quarante ans ainsi que l'Afrique. Et plus le temps passe, moins sera accepté ce modèle strictement capitaliste, adossé depuis vingt ans à l'idéologie de la mondialisation, des nouvelles technologies et de la déréglementation. *Les niveaux d'éducation sont peut-être faibles, mais les informations circulent, comme les hommes.* Depuis cinquante ans, les pays du Sud ont beaucoup plus changé, dans leur rapport au monde, que ceux du Nord.

Entre les réalités de domination et les stéréotypes Nord-Sud, il y a de quoi susciter une hostilité du Sud, visible dans la bataille pour les industries pharmaceutiques, le sida, la santé et l'environnement. Ici les médias occidentaux jouent un rôle positif. *Ils accélèrent une prise de conscience* qui pourrait se terminer en un contentieux supplémentaire, illustrant l'hypothèse centrale de ce livre : l'accroissement d'information ne rapproche pas forcément les points de vue et les cultures. Il est un appel à la politique pour que celle-ci puisse réduire les incompréhensions, les inégalités et les injustices rendues plus visibles par la mondialisation des flux d'information. Une fois que l'on sait et que l'on voit, beaucoup de choses changent. Par exemple, le sommet de Johannesburg sur l'environnement en septembre 2002, même s'il n'a débouché sur aucune décision contraignante, a été un facteur essentiel de sensibilisation. Le fait que les États-Unis, première puissance polluante du monde, n'y sont pas venus, pas plus qu'ils n'ont signé le protocole de Kyoto, a un effet désastreux puisque *tout le monde le sait*. Les États-Unis n'ont pas compris que la puissance ne suffit plus car, grâce à l'information, les peuples se font leur opinion.

Autre exemple : la création de la Cour pénale internationale (CPI), compétente pour juger les crimes contre l'humanité, les crimes de guerre et les génocides, est une victoire dans l'ordre de l'émergence d'une conscience morale et juridique mondiale. Le fait que les États-Unis ont finalement obtenu de la part de leurs alliés européens, et après une guérilla juridique sévère, la possibilité que les diplomates et soldats de la paix américains aient un statut d'exception par rapport à cette juridiction renforce le sentiment d'inégalité Nord-Sud. En mai 2002 ils avaient retiré leur signature à Rome pour la création de la CPI pour cette raison. Ils ont eu gain de cause en octobre 2002. Comment une telle exception peut-elle être accueillie dans la durée ?

Autre exemple, européen cette fois : *les sociétés européennes sont trop « blanches »* dans les médias, la politique, l'éducation, la presse, alors que ce sont *déjà* des sociétés multiculturelles. Le décalage est réel entre la représentation officielle de nos sociétés et la réalité. Et ce décalage est visible dans la domination encore excessive d'un style trop « technocrate » des dirigeants notamment politiques. Un style qui n'est pas seulement vestimentaire, mais de comportement et d'argumentation. Le style « technocratique » s'est considérablement renforcé avec la construction de l'Europe depuis trente ans. Comme je l'ai énoncé dans *La Dernière Utopie, naissance de l'Europe démocratique*, le style assez arrogant des eurocrates et le ballet des voitures grises seront de moins et moins tolérés par les citoyens, au fur et à mesure que l'on ira vers l'Europe politique. Les publics supporteront de moins en moins cette représentation technocratique de la réalité. Les manifestations antimondialistes obligeront aussi un jour les « dirigeants du monde » à changer de style, de posture, de manière d'argumenter.

On retrouve partout ces décalages, qui sont autant d'obstacles à un minimum d'intercompréhension. Prenons l'exemple de la religion. Si le judaïsme et le christianisme ont toute leur place en Europe, il n'en est pas de même pour l'islam. L'islam est très absent des représentations culturelles et sociales, ce qui accentue le poids des stéréotypes. Rendre la société officielle plus hétérogène culturellement est aussi important que la bataille pour la promotion des femmes. Ce sont les *représentations* qu'il faut changer. Et d'abord lutter radicalement contre ce fantasme, si habilement utilisé en politique, selon lequel nos sociétés seraient « menacées » par les communautés immigrées. En réalité, il faudrait plutôt reconnaître ce qu'elles apportent à la France et à l'Europe depuis le début du XXe siècle.

Reconnaître ce que l'on doit à ces communautés permet aussi d'ouvrir un vrai dialogue, et par exemple de mieux défendre les valeurs européennes démocratiques concernant, le statut des femmes, la laïcité, la séparation vie privée-vie publique… Il ne faut pas non plus avoir une vision simpliste de la cohabitation culturelle où tout ce qui est blanc et riche est mauvais, et tout ce qui est pauvre et de couleur est bon ! Simplement les pays riches du Nord devraient être les premiers à ouvrir le dialogue, d'autant qu'ils ne cessent de parler des vertus du « village global », du progrès que représente l'interactivité généralisée et que, simultanément, on constate chez eux une réticence considérable à se frotter aux autres cultures. Comment parler des vertus de la mondialisation sans jamais sembler comprendre qu'on ne pourra pas toujours escamoter la question de la place et du rôle des hommes, des cultures, des religions dans cette mondialisation ?

Mettre en œuvre la cohabitation culturelle

La *ville* et surtout la *banlieue* sont des terrains inexploités d'apprentissage de la diversité culturelle. Les mairies et l'ensemble des institutions scolaires, sportives et sociales détiennent une grande richesse d'expériences depuis cinquante ans. Ces expériences sont largement sous-évaluées et régulièrement balayées par le surgissement de la violence et de l'insécurité. Le monde des banlieues est depuis trois générations le creuset de toutes les possibilités, difficultés, impasses, violences et progrès dans l'ordre de l'interculturel. Elles sont partout le lieu de la cohabitation culturelle, avec les deux options de l'identité relationnelle ou de l'identité-refuge. Autrement dit, l'espace urbain facilite la cohabitation mais ne la garantit nullement. En tout cas des études comparatives seraient à mener, le plus rapidement possible. Pourquoi ne pas débattre publiquement des réussites et des échecs ? Pourquoi ces réalités ne sont-elles *jamais* au cœur de l'espace public et de la communication politique, laquelle réduit la question urbaine aux problèmes de transports et de violence ? Pourquoi ne pas interroger l'immense expérience, et parfois la douleur, de ces millions d'enseignants qui, de la maternelle à l'école communale, au collège, au lycée, ont silencieusement et si efficacement assuré cette intégration indispensable à la société et à la République ? Pourquoi ne pas donner la parole à ces institutions et à ces professeurs qui voient tout, des injustices à la violence, du désir d'apprendre à la haine, du besoin d'amour à la recherche de la dignité ? Pourquoi se priver à ce point d'expériences et de savoirs que l'on retrouve dans les municipalités, la santé, les transports ? De toute cette réalité, peu de choses sont réellement connues, sauf au travers de la musique, du cinéma et de la radio, qui assurent heureusement une ouverture culturelle. Rarement dans l'Histoire le décalage a été *aussi grand* entre la réalité, qui est là, sous nos yeux, et la connaissance que l'on en a. À vrai dire, la seule excuse des pays européens face au multiculturalisme existant dans leurs villes et banlieues vient du fait que le changement de contexte n'a pas été vu. Dominent encore les souvenirs de la décolonisation, de l'immigration des années 60, alors que l'on est dans une tout autre réalité culturelle, politique, symbolique.

Faire voter les immigrés

Faire voter, au plan local, les populations immigrées qui, souvent depuis plusieurs générations, ont *directement* contribué aux richesses nationales est un impératif catégorique. Rétrospectivement, l'Europe aura honte d'une telle ségrégation, digne de tous les apartheids. Comment parler des « vertus » de la mondialisation et exclure politiquement ceux que l'on a « importés » pour assurer *notre* croissance économique ? Il faut intégrer les enfants de l'immigration, accorder une dignité aux parents et donner aux uns et aux autres des responsabilités dans la vie municipale, culturelle, sportive…

Tout faire pour s'apprivoiser, partager les expériences et créer un minimum de dialogue. Surtout parler et débattre. C'est *l'espace public sur ces questions qui est beaucoup trop étroit*. En s'apprivoisant mutuellement, les différences culturelles sont mieux acceptées. Il faut en parler au lieu de les nier. L'homme n'est pas meilleur au bout des mots, mais les mots échangés sont déjà une forme de reconnaissance mutuelle. Comment peut-on reproduire l'idéologie mondialiste et ne pas être capable de parler avec ceux qui habitent et travaillent à côté de soi ? Comment aussi ne pas comprendre que les grandes religions essaient, au quotidien, de gérer ces différences ? On doit veiller à ne pas confondre non plus un minimum de standardisation des modes de vie, trop vite assimilé à une intégration, avec l'existence de revendications des différences culturelles, et d'une aspiration à la *reconnaissance*. En réalité, *il y a trois phénomènes* : une modernité qui s'impose à tous, dans les vêtements, les styles, les musiques, etc., mais qui n'est pas une intégration ; des différences culturelles essentielles visibles ou enfouies, mais qui jouent un rôle croissant ; le besoin de faire quelque chose *ensemble*.

Ce qui a changé, en cinquante ans ? La modernité ne suffit plus à s'imposer comme valeur dominante. L'Occident n'a pas compris la délégitimation de la modernité, et encore moins depuis la fin du communisme car, paradoxalement, les deux régimes s'opposaient mais adhéraient au même modèle. Le conflit masquait cette culture commune de la *modernité* qui, aujourd'hui, en devenant hégémonique, est dangereuse. La modernité, en tout cas, doit admettre ses limites, car, face à une tradition qui a perdu de sa force, elle tend à devenir une idéologie.

On a déjà oublié la leçon de l'Iran des années 70-80. Depuis les années 1955, le mouvement de modernisation des pays était tel que beaucoup prévoyaient une adaptation « finale » de l'islam à la modernité. Tout allait dans le sens d'une acculturation. Et le surgissement du fondamentalisme religieux avec la victoire de Komeiny en 1979, jusqu'aux événements actuels au Moyen-Orient et en Asie, prouve qu'il n'y a rien de plus dangereux que de vouloir nier les différences culturelles et religieuses. Qui l'a compris ? Quarante ans après, la leçon de l'Iran sur le plan des rapports entre religion, culture et politique n'est pas retenue, comme celle des rapports entre nationalisme, culture et politique, avec l'Irak et l'Égypte, l'Inde et le Pakistan. Tous les spécialistes de ces aires culturelles ne cessent de le dire. Qui les écoute ?

Il faudrait faire deux mouvements simultanément : d'une part une ouverture, pour mieux comprendre l'importance de la diversité culturelle ; d'autre part ne pas céder sur certains principes démocratiques fondamentaux de l'Occident. À condition aussi que celui-ci ne bafoue pas lui-même les principes dont il se réclame. D'autant que – c'est toujours fondamental à rappeler –, grâce à la mondialisation de l'information, *tout le monde voit tout...* Le Nord est trop persuadé que l'occidentalisation des modes de vie, l'extension d'un modèle de consommation occidental, la mondialisation de l'information et la croissance des industries culturelles mondiales, donc occidentales, auront peu à peu raison des irrédentismes culturels. Et même si, d'un point de vue démocratique, l'Occident a raison contre les obscurantismes religieux et culturels, le monde entier ne vit pas le lien culture-politique comme l'Occident l'a vécu.

Si les trois racines culturelles de l'Occident – le socle chrétien, la croyance en la science et la technique, les Droits de l'homme – ont permis, avec de multiples et sanglants écarts, la construction de notre modèle politique, force est de reconnaître que ce schéma n'est pas exportable, en tout cas pas directement. On retombe toujours sur la même difficulté pour l'avenir : le monde est devenu tout petit, chacun voit tout et voyage, *mais* les diversités culturelles n'ont jamais été aussi visibles, et surtout aussi peu étudiées et aussi peu comprises.

On retrouve la différence entre information, communication et connaissance. À qui cela sert-il de tout savoir sur tout, si simultanément on ne se respecte pas ? Et si l'on ne se donne pas les moyens de se comprendre mutuellement ? À la limite, le niveau des connaissances culturelles n'est pas plus grand aujourd'hui qu'hier, avec pourtant les possibilités de voyage, d'information et de culture, inconnues dans les années 30…

La *connaissance* ne suffit pas non plus à créer plus de tolérance et de curiosité mutuelle. Néanmoins il est certain que plus il y a d'information, plus les connaissances doivent s'accroître pour interpréter et comprendre. Le triomphe de l'information pose la question de la communication, qui à son tour pose aussi celle de la *connaissance*. S'il n'y a pas de lien direct entre information, connaissance et communication, au moins faut-il rappeler que plus d'informations oblige à plus de connaissances pour espérer établir plus de communication.

Penser le tourisme

Il existe des ressources considérables pour ouvrir une réflexion sur le multiculturalisme ; c'est l'expérience du *tourisme de masse*. Le tourisme est la plus grosse entreprise de main-d'œuvre au monde avec 250 millions de salariés. Il y a actuellement autour de 700 millions de touristes par an et l'on suppose que leur nombre doublera dans les vingt prochaines années. Le déséquilibre Nord-Sud est ici très visible. Évidemment sur l'origine des touristes, mais aussi sur le fait que les trois quarts du parc mondial d'hôtellerie sont détenus par six groupes internationaux occidentaux, et que les cinq premiers tour-opérateurs ont leur siège dans les pays développés. Il y a là de quoi réfléchir. Le tourisme est vraiment une activité symbolique de la nécessité, et de la difficulté, du rapport à l'autre. Bien sûr le tourisme véhicule et réifie souvent les stéréotypes, car on ne peut aborder l'autre que protégé par ses *propres* stéréotypes. Mais il est *aussi* un facteur d'ouverture et d'intérêt. Combien de millions de touristes – évidemment ceux-là viennent à 80 % du Nord – ont voyagé dans le monde depuis cinquante ans ? Et si beaucoup d'entre eux n'ont pas voulu voir grand-chose, et encore cela est-il difficile à apprécier, d'autres en ont eu leur perspective du monde modifiée. *On ne voyage jamais impunément.* Il se passe toujours quelque chose dans la tête du voyageur, surtout quand il y a par ailleurs une mondialisation des images...

Paradoxalement, *il y a très peu de recherches sur le tourisme de masse au niveau mondial.* Et pas assez d'attention à toutes les formes de tourisme alternatif qui depuis une génération construisent intelligemment un autre rapport au voyage. On considère trop ces initiatives comme marginales alors qu'elles sont à l'avant-garde des problèmes à venir. Les pays du Sud, même s'ils trouvent des ressources dans le tourisme, pourraient un jour se fermer et développer de l'hostilité. Les peuples du Nord sont peu favorables aux immigrés chez eux, mais veulent voyager librement, refusant de voir les dégâts qu'ils font chez les autres. Certains pays sont presque devenus des zoos, ou des réserves pour les touristes du Nord en quête d'une métaphysique peu dérangeante. La fermeture du Japon au monde extérieur du XVIIe au XIXe siècle est une invitation à la réflexion sur les rapports toujours compliqués entre ouverture et fermeture, entre cultures et sociétés. Il faudrait donc entreprendre tout un travail de compréhension du rôle du tourisme de masse, avec ses aspects positifs et négatifs.

Le tourisme, comme la télévision, est un facteur de changement et de sensibilisation. Avec la télévision, on voyage, mais en restant chez soi. Avec le tourisme, on se déplace, mais pour une durée brève.

Il n'y a pas que le tourisme qui soit une occasion de rencontre culturelle insuffisamment analysée. Toutes les grandes *entreprises mondiales* sont aussi confrontées à la rencontre des cultures. Comment mobiliser des travailleurs de langues et de cultures différentes autour d'un projet ? Comment transmettre les objectifs ? Comment tenir compte des contextes géographiques, sociaux et culturels ?... Comment adapter les modèles de management ? Comment inventer un style de gouvernement qui ne soit pas calqué sur le modèle dominant américain ? Les grandes entreprises sont un *lieu d'expérimentation* de la cohabitation culturelle insuffisamment connu et valorisé. Depuis une génération, il y a déjà beaucoup d'innovations et d'expériences qui, notamment au niveau européen, complètent l'acquis des relations diplomatiques et culturelles. Les faits sont là, les innovations aussi. Entreprendre un travail de comparaison, et de valorisation, des mille et une manières selon lesquelles la logique économique est obligée, aujourd'hui, de tenir compte de la diversité culturelle serait aussi un moyen de faire avancer la réflexion sur la cohabitation culturelle. Là aussi les faits sont en avance sur les idées.

La réalité est que la diversité culturelle, politique, sociale, religieuse est infinie dans le monde. La technique et l'économie ont transformé le monde en un village, mais, en supprimant les distances physiques, elles ont rendu infiniment visibles les distances anthropologiques. Ou bien l'on essaie modestement de se comprendre et de se tolérer un peu mieux, ou bien l'on feint de croire que la culture et la communication seront solubles dans la modernité occidentale. Alors la mondialisation, au lieu d'avoir été l'occasion d'une coopération un peu plus pacifique, deviendra un facteur de guerre supplémentaire.

Au fond, la diversité culturelle est une ambition normative autant qu'une obligation fonctionnelle. On voudrait la ranger dans le magasin des beaux idéaux humanistes, alors qu'elle est l'une des conditions pratiques, et la plus prosaïque, pour éviter des risques supplémentaires de guerre.

Indications bibliographiques

Abdallah-Pretceil, M., *L'Éducation interculturelle*, PUF, 1999.
Abdelwahab, M., *La Maladie de l'Islam*, Seuil, 2002.
Abou, S., *L'Identité culturelle, relations interethniques et problèmes d'acculturation*, Anthropos, 1981.
Amsellle, J.-L., *Vers un multiculturalisme français : l'emprise de la coutume*, Aubier, 1996.
Badie, B., *La Diplomatie des droits de l'homme, Entre éthique et volonté de puisance*, Fayard, 2002.
Badie, B., *La Fin des territoires. Essai sur le désordre international et sur l'utilité sociale du respect*, Fayard, 1995.
Badie, B., *Un monde sans souveraineté. Les États, entre ruse et responsabilité*, Fayard, 1999.
Bancel, N., Blanchard, P., Boetsh, G. *et al.*, *Zoos humains*, La Découverte, 2002.
Banks, J.A. (dir.), *Teaching Strategies for Ethnic Studies*, Boston, Allyn and Bacon, 1997.

Banks, J. et McGee-Banks, A. (dir.), *Multiculturalism Education : Issues and Perspectives*, Boston, Allyn and Bacon, 1997.

Bazelaire, J.-P. et Crétin, T., *La Justice pénale internationale*, PUF, 2000.

Benat Tachot, L. et Gruzinski, S., *Passeurs culturels. Mécanismes de métissage*, Presses universitaires de Marne-la-Vallée, éd. MSH, 2001.

Berman, A., *L'Épreuve de l'étranger*, Gallimard, « Tel », 1984.

Bernabé, J., Chamoiseau, P. et Confiant, R., *Éloge de la créolité*, Gallimard, 1989.

Bernard, P., *Immigration : le défi mondial*, Folio, 2002.

Bissoondath, N., *Le Marché aux illusions. La méprise du multiculturalisme*, Montréal, Boréal-Liber, 1995.

Blomart, J. et Krewer, B. (éds), *Perspectives de l'interculturel*, L'Harmattan, 1994.

Bonniol, J.-L., *La Couleur comme maléfice. Une illustration de la généalogie des Blancs et des Noirs*, Albin Michel, 1992.

Bonniol, J.-L. (dir.), *Paradoxes du métissage*, éd. du CTHS, 2001.

Borghi, M. et Meyer-Bisch, P. (éds), *La Pierre angulaire. Le flou crucial des droits culturels*, Fribourg (Suisse), Éditions universitaires de Fribourg, 2001.

Brants, K., Hermès, J. et Van Zoonen, L., *The Media in Question*, Londres, Sage Publications, 1998.

Castel, O., *Le Sud dans la mondialisation*, La Découverte, 2002.

Chambre de Commerce du Canada, Comité permanent de la citoyenneté et de l'immigration, *La Citoyenneté canadienne. Un sentiment d'appartenance*, 1994.

Chaudenson, R., *Les Créoles*, PUF, « Que sais-je ? », 1995.

Colin, M., *Le Crime contre l'humanité*, Éres, 1996.

Constant, D. et Daniel, J. (dir.), *Cinquante Ans de départementalisation, outre-mer*, L'Harmattan, 1997.

Constant, F., *Le Multiculturalisme*, Flammarion, « Dominos », 2000.

Delannoi, G. et Taguieff, P.-A., *Théories du nationalisme, nation, nationalité, ethnicité*, Kimé, 1991.

Dieckhoff, A., *La Nation dans tous ses états*, Flammarion, rééd. « Champs », 2002.

During, S. (dir.), *The Cultural Studies Reader*, Londres, Routledge, 1994.

Elbaz, M., Fortin, A. et Laforest, G., *Les Frontières de l'identité. Modernité et postmodernité au Québec*, Sainte Foy-Presses de l'université Laval-L'Harmattan, 1996.

Gouvernement du Québec, *Un Québec pour tous les citoyens. Les défis actuels d'une démocratie pluraliste*, Québec, Gouvernement du Québec, 1997.

Gilroy, P., *There Ain't no Black in the Union Jack. The Cultural Politics of Race and Nation*, Londres, Hutchinson, 1987.

Glazer, N., *We Are All Multiculturalist now*, Cambridge (Mass.), Harvard University Press, 1997.

Godeluck, S., *La Géopolitique d'Internet*, La Découverte, 2002.

Goldberg, D., *Multiculturalism : a Critical Reader*, Oxford, Blackwell, 1994.

Gosselin, G. et Ossebi, H. (dir.), *Les Sociétés pluriculturelles*, L'Harmattan, 1994.

Gruzinski, S., *La Pensée métisse*, Fayard, 1999.

Guillaume, M. (éd.), *Où vont les autoroutes de l'information ?*, La Découverte, 1999.

Hermet, G., *Histoire des nations et du nationalisme en Europe*, Seuil, « Points », 1996.

Hermès, Amérique latine. Cultures et communication, éd. du CNRS, n° 28, 2000.

Hochraïch, D., *La Mondialisation contre le développement*, Syllepse, 2002.

Jeanneret, Y., *Y a-t-il (vraiment) des technologies de l'information ?*, Septentrion, 2000.

Jouquet-Basiège, P., *Le Malaise créole. Une dérive du mal français*, I, Ibis Rouge, Presses universitaires créoles, Gerec, Kourou, 1997.

Journet, N. (dir.), *La Culture. De l'universel au particulier*, Éditions Sciences humaines, 2002.

Kymlicka, W., *La Citoyenneté multiculturelle. Une théorie libérale du droit des minorités* (1995), La Découverte, 2001.

Kymlicka, W., *Finding our Way : Rethinking Ethnocultural Relations in Canada*, Toronto, Oxford University Press, 1998.

Lieux d'islam, Autrement, 1996.

Manessy, G., *Créoles, pidgins, variétés véhiculaires. Procès et genèse*, éd. du CNRS, 1995.

Martiniello, M., *L'Ethnicité dans les sciences sociales contemporaines*, PUF, « Que sais-je ? », 1996.

Meyer-Bisch, P., *Les Droits culturels, une catégorie à développer des droits de l'homme*, Fribourg (Suisse), éditions universitaires de Fribourg, 1993.

McAndrew, M., Gagon, F. et Page, M., *Pluralisme, citoyenneté et éducation*, Montréal, L'Harmattan, 1996.

McBride, S. (éd.), *Voie multiple, un seul monde*, éd. de l'Unesco, 1980.

Paugam, S. (dir.), *L'Exclusion : l'état des savoirs*, L'Harmattan, 2001.

Rasse, P. (dir.) *et al.*, *Unité et diversité. Identité multiculturelle dans le jeu de la mondialisation*, L'Harmattan, 2002.

Reporters sans frontières, *Israël-Palestine, le livre noir*, La Découverte, 2002.

Roy, O., *L'Islam mondialisé*, Seuil, 2002.

Sahlins, M., *Des élus de l'histoire*, Gallimard-Seuil, 1989.

Semprini, A., *Le Multiculturalisme*, PUF, « Que sais-je ? », 1997.

Stébé, J.-M., *La Crise des banlieues*, PUF, « Que sais-je ? », 1999.

Sussman, G., *Communication, Technology and Politics in the Information Age*, Londres, Sage, 1997.

Tariq, A., *Le Choc des intégrismes. Croisades djihad et modernité*, Textuel, 2002.

Taylor, C., *Multiculturalisme : différence et démocratie*, Flammarion, « Champs », 1997.

Unesco, *Déclaration universelle de l'Unesco sur la diversité culturelle*, éd. de l'Unesco, 2002. Adopté par la 31e session-conférence générale de l'Unesco, 2 novembre 2001.

Unesco, *Pour ou contre les droits culturels*, éd. de l'Unesco, 2000.

Unesco, *Pour le pluralisme culturel*. L'Unesco sur la politique culturelle pour le développement, Stockholm, éd. de l'Unesco, 1997.

Vettraino-Soulard, M.-D., *Les Enjeux culturels d'Internet*, Hachette, 1998.

Veltz, P., *Mondialisation, villes et territoires. L'économie d'archipel*, PUF, 1996.

Verbunt, G., *La Société interculturelle, vivre la diversité humaine*, Seuil, 2001.

Watin, M. (dir.), *Communication et espace public*, Anthropos, 2001.

Weinstock, D., *The Challenge of Pluralism*, Oxford, Basil Blackwell (à paraître).

Wieviorka, M. (dir), *Une société fragmentée ? Le multiculturalisme en débat*, La Découverte, 1996.

Wolton, D., *Penser la communication*, Flammarion, 1997, rééd. « Champs », 1999.

Wulf, C. (dir.), *Traité d'anthropologie historique*, L'Harmattan, « Histoires-cultures », 2002.

Chapitre 4

La France, une société multiculturelle

La France est déjà une société multiculturelle. Et depuis longtemps. Plus de 5 millions de personnes originaires des DOM-TOM, de l'immigration, des anciennes colonies, de la francophonie et des autres aires culturelles du monde résident en métropole. Ce pays, comme d'autres d'ailleurs en Europe, est confronté à la diversité culturelle. Il ne le sait pas, ou ne veut pas le savoir, tant depuis trente ans le débat est empoisonné par la pensée d'extrême droite et son nationalisme exacerbé qui, finalement, infiltrent toutes les pensées politiques, de droite comme de gauche. Il y a eu incontestablement, en une génération, une « lepénisation des esprits », symbolisée par le score de J.-M. Le Pen au premier tour des présidentielles du 21 avril 2002. Le paradoxe est que la tentation nationaliste et la méfiance à l'égard de l'Autre s'affichent plus nettement au moment où les défis de la cohabitation culturelle changent de sens et deviennent mondiaux.

On ne se débarrassera jamais du racisme, ni de la haine de l'autre, ni du besoin de dominer, mais, entre le XXe et le XXIe siècle, trois changements fondamentaux sont intervenus. La Seconde Guerre mondiale a montré jusqu'où la barbarie humaine, au nom des races supérieures, était capable d'aller ; la décolonisation a détruit la « supériorité » de l'Europe et des Blancs sur les autres civilisations ; la mondialisation révèle un monde fini dans lequel il faudra cohabiter.

Pour cohabiter, c'est-à-dire se respecter mutuellement, nous disposons de valeurs humanistes promues à l'issue de la guerre par la « communauté internationale », notamment par l'ONU. Ce sont les *seules* références dont nous disposons pour éviter la barbarie. Encore ne l'évitent-elles pas, comme on peut le constater tous les jours. Mais, avec la fin du monde bipolaire, la globalisation économique et la mondialisation de l'information, nous sommes au pied du mur. La cohabitation culturelle est devant nous, à la fois comme *idéal* et comme *nécessité* fonctionnelle.

Face à cet enjeu, les pays n'ont pas les mêmes atouts. La France est particulièrement chanceuse car elle aborde la diversité culturelle à partir de *trois logiques* qu'il ne faut pas séparer. D'abord son lien à la coopération pour les anciennes colonies, ensuite son lien actuel aux dix communautés des DOM et des TOM, enfin son lien à la francophonie. Trois espaces de coopération correspondant à trois échelles de temps, avec leurs bons et leurs mauvais souvenirs, et finalement à une solidarité commune. Mais aussi avec des enjeux communs : apprendre à se respecter, au-delà de ce qui nous sépare, appréhender un monde où les repères traditionnels s'effritent, faire prévaloir un principe politique démocratique qui transcende le respect des identités culturelles.

Notre propos ici est prudent. Par tradition politique et intellectuelle, nous nous rattachons davantage au modèle *universaliste*, mais ses échecs, comme les réalisations du modèle communautariste, sont tels qu'il faut être modeste, d'autant que la mondialisation de l'information modifie complètement la manière de poser la question de la cohabitation culturelle. Dans la réalité, le modèle universaliste et le modèle communautariste s'influencent au-delà des mots. Néanmoins, ils restent distincts dans leurs références et leurs problématiques. En fait, disposer de deux modèles différents n'est pas de trop pour essayer de faire avancer cette problématique si difficile de la cohabitation culturelle qui vise à créer ce *troisième niveau* de solidarité entre les États-nations et la coopération internationale.

Les outre-mers : une chance pour la France

La France a la chance d'être partout présente dans le monde par l'intermédiaire des ses collectivités territoriales réparties sur trois océans : la Martinique, la Guadeloupe, Saint-Pierre-et-Miquelon, la Guyane pour l'océan Atlantique et la Caraïbe ; Mayotte et la Réunion pour l'océan Indien ; la Nouvelle-Calédonie, Wallis-et-Futuna, la Polynésie française, et les Terres australes antarctiques françaises (TAAF) pour le Pacifique, soit 2,5 millions d'habitants.

L'extrême diversité historique, géographique, climatique, culturelle et sociale fait la richesse de ces outre-mers et nous permet d'éviter l'européocentrisme, de disposer d'une fenêtre ouverte sur la mondialisation, de vivre en grandeur nature le défi de la diversité culturelle, d'être reliés, pour certains territoires, à une histoire commencée avant l'arrivée des Européens.

Si ces outre-mers n'existaient pas, on rêverait qu'ils puissent exister. Ils existent, et la France, au lieu d'en être fière, oscille entre la culpabilité de l'ancienne puissance coloniale et la sympathie pour ces racines mondiales ; bref, elle éprouve une difficulté à se situer face à ces collectivités dont certaines sont par ailleurs presque constamment dans la revendication. L'absence de valorisation de cette réalité, par la France, illustre l'absence de réflexion sur les nouveaux enjeux de la cohabitation culturelle. C'est un indice supplémentaire. À la limite, le jour où la France et les outre-mers afficheront ensemble plus de fierté mutuelle, cela signifiera que la cohabitation culturelle est devenue un enjeu commun.

Les relations entre les outre-mers et la France sont *révélatrices* du poids de l'Histoire et de la difficulté d'inventer un nouveau cadre de relations, où les différences religieuses, institutionnelles, linguistiques et sociales soient prises en compte. Elles sont là, mais elles sont trop ignorées, en tout cas peu valorisées.

Le raisonnement est *identique* pour le Portugal, l'Espagne, la Grande-Bretagne, et illustre parfaitement l'état de la réflexion sur les enjeux du multiculturalisme. Les outre-mers européens sont, à portée de main, pour ainsi dire, *les travaux pratiques de la cohabitation culturelle*. Dans l'histoire des

relations avec la métropole, il a fallu en passer par deux
étapes moins pacifiques : la *première* a été la phase d'affirmation de l'identité politique, à la suite du mouvement
d'indépendance des anciennes colonies, lequel a bien duré
deux générations ; la *deuxième*, correspondant à ces vingt
dernières années, a été centrée sur la construction de l'autonomie. Si la revendication indépendantiste persiste dans
certaines collectivités, elle ne semble plus être la solution
naturelle d'avenir, surtout quand on observe les territoires
alentour. La plupart sont devenus indépendants, mais se
retrouvent aujourd'hui broyés par le rouleau compresseur de
la mondialisation.

La *troisième* étape, qui doit maintenant advenir, est celle
de la fraternité, accompagnée de droits et de devoirs réci-
proques. L'autonomie prend alors tout son sens dans la perspective des enjeux de la diversité culturelle, car elle permet
d'affirmer le rôle de chacun. C'est en fait la mondialisation
qui a redistribué les cartes et déplacé une bonne partie de la
problématique de l'indépendance pour lui substituer l'enjeu
de l'autonomie et celui de l'apprentissage de la cohabitation
culturelle. Le défi est toujours le même : le respect des identités culturelles dans la communauté internationale, mais il
ne se pose plus de la même manière qu'il y a un demi-siècle.

C'est en cela que la mondialisation, paradoxalement, permet d'ouvrir une nouvelle histoire politique : celle de l'apprentissage de la cohabitation et de la fraternité. Ce défi déplace
la question politique traditionnelle de l'indépendance, et
oblige à prendre en compte l'importance croissante du
triangle identité-culture-communication, accéléré par les
avantages et les inconvénients de la deuxième mondialisation. Dans cette perspective, la diversité des statuts des territoires d'outre-mer illustre l'hétérogénéité des histoires et
des relations. Sur le plan institutionnel et administratif, ils
sont un peu compliqués et disparates. Mais, après tout, le
prix à payer pour la diversité culturelle vaut sans doute un
minimum d'hétérogénéité institutionnelle. En outre, cette
dernière révèle comment, depuis la guerre, cette diversité
culturelle avait déjà été prise en compte avant la réforme de
2003.

Il y avait quatre *départements* d'outre-mer (Guadeloupe, Guyane, Martinique, Réunion) depuis 1946, devenus régions en 1984, quatre *territoires* d'outre-mer (Nouvelle-Calédonie et Polynésie française depuis 1946, les Terres australes et antarctiques françaises depuis 1955, Wallis-et-Futuna depuis 1961), deux *collectivités*, Saint-Pierre-et-Miquelon depuis 1985 et Mayotte, « collectivité départementale » depuis 2001. Bien sûr, ce découpage reflète la complexité de l'histoire, mais avoir intégré l'outre-mer dans la constitution, en 2003, est un progrès indéniable, avec le principe constant d'assurer l'unité de la République et le respect de la diversité. Au travers de multiples cheminements, c'est la démarche suivie depuis 1946 : garantir un minimum d'universalisme et prendre en compte les identités. Cette histoire des statuts, peu connue, pour ne pas dire ignorée, est pourtant passionante. Elle montre l'évolution vers une plus grande autonomie, un respect croissant des différences et une réflexion politique et juridique sophistiquée, sur la nature des liens entre métropole et territoires. Cela ne s'est pas toujours fait facilement, et la droite comme la gauche, quand elles ont été au pouvoir, ont chacune effectué des progrès et commis des erreurs. Elles ont du reste rapproché leur point de vue, sans toutefois le reconnaître. Les différences subsistent, mais beaucoup moins qu'autrefois. Et c'est plutôt préférable, compte tenu de la complexité de l'histoire à construire.

Le résultat, en dehors des incompréhensions et autres procès d'intention, mais aussi avec ses réalisations, correspond réellement à ce que nous avons appelé une « communauté d'histoire ». Il suffit pour cela d'imaginer ce qui se passerait si ces outre-mers étaient coupés de la métropole. La seule évocation de cette rupture affecte profondément les uns et les autres, et cela quels que soient les discours de part et d'autre : celui de l'outre-mer s'insurgeant contre la tutelle de Paris, et celui de Paris s'interrogeant sur l'utilité réelle du lien avec ces territoires. C'est un peu comme si les uns et les autres ne voulaient pas reconnaître qu'ils se doivent *mutuellement* quelque chose, qui va bien au-delà de l'économie.

Sur cette problématique fondamentale de l'indépendance, une rupture est intervenue entre le XXe et le début du XXIe siècle. Pendant tout le XXe siècle, le mouvement naturel des peuples a été celui de l'indépendance, fût-ce au prix de tragiques conflits. Au XXIᵉ siècle, avec la fin de la bipolarisation, l'expérience des indépendances antérieures et la mondialisation économique montrent que l'indépendance pour les petites collectivités est souvent un marché de dupe. L'indépendance politique, sans autonomie économique, n'a pas de sens et ne permet pas de préserver l'identité culturelle. Car l'hypothèse soutenue ici vise à souligner le rôle déterminant, pour l'avenir, de l'identité culturelle. Il y a donc là *une invention politique à faire*, pour garantir aux petits pays, leur identité culturelle, plus importante qu'une indépendance politique de façade. L'autonomie, à condition qu'elle soit gérée de bonne foi des deux côtés, est une solution préférable à une indépendance de papier.

Hier, l'indépendance était la *condition* de l'identité culturelle. Demain, dans un monde globalisé, l'*autonomie*, concept en réalité assez nouveau dans l'histoire institutionnelle, peut davantage garantir l'identité culturelle. Ce qui est neuf, c'est moins le concept que son *lien* avec l'identité culturelle. Hier, l'autonomie était située par rapport à l'indépendance politique, et le plus souvent considérée comme une étape vers cette fin ultime. Demain, face à la mondialisation économique qui vide souvent de son sens l'idée d'indépendance politique, mais qui souligne en revanche l'importance de l'identité culturelle, le concept d'autonomie sera plus important. L'autonomie permet un meilleur retour sur l'histoire que l'indépendance, et surtout garantit un avenir moins instable.

L'outre-mer permet l'apprentissage, sur tous les océans, de la diversité culturelle. Il ménage avec la France *et* l'Europe des liens de solidarité qui ne sont pas directement liés à la logique de la globalisation économique, et comme tel il devient une articulation Nord-Sud importante, au fur et à mesure que la mondialisation crée des contradictions violentes. Il est aussi, pour les deux côtés, un apprentissage des enjeux géopolitiques, car qui dit mondialisation dit aussi mondialisation des risques de tension et de guerre. De plus, l'extrême diversité des situations géographiques et historiques est à elle seule une *invitation* à la tolérance, voire à un réel effort d'intercompréhension. La cohabitation culturelle réclame un effort mutuel, substantiel... Quels rapports entre un Guyanais, un Calédonien, un Réunionnais et un Polynésien ? Rien qu'un hasard de l'histoire : celui d'un lien institutionnel commun, appelé à devenir beaucoup moins vertical et beaucoup plus horizontal. En un mot, les outre-mers français permettent *aux uns et aux autres*, sans qu'ils en soient assez fiers, de faire de réels « travaux pratiques » de cohabitation culturelle. Et de se trouver d'une certaine manière en avance par rapport aux enjeux de la troisième mondialisation à construire.

Contrairement à un discours convenu, les outre-mers et la France *ne sont pas en retard* dans la conquête de l'indépendance ; ils sont en avance par rapport au défi de la cohabitation culturelle et à l'émergence d'autres liens politiques qui tiennent compte des dégâts de la mondialisation. L'éparpillement même de l'outre-mer français permet d'apprécier à sa juste valeur l'importance des territoires, de la géographie, et de l'histoire avec leurs liens aux climats, reliefs et environnements culturels. Cette importance des *distances* et des *lieux* contribue à relativiser le *mythe des réseaux* qui aurait aboli les conditions réelles – physiques, géographiques, culturelles – de l'intercompréhension. C'est même l'inverse. En même temps qu'il supprime les distances physiques, le progrès technique révèle en réalité leur importance culturelle et symbolique. Les techniques abolissent le temps et l'espace de la transmission ; elles ne créent pas pour autant la communication culturelle. Elles en montrent plutôt l'impérieuse nécessité – et l'extrême difficulté. Se comprendre est plus compliqué que d'échanger des informations. L'Autre est beaucoup plus complexe quand il devient une réalité quotidienne sociologique. L'outre-mer rappelle que, au-delà des facilités techniques, l'essentiel est dans l'expérience lente, et toujours plus ou moins difficile, de l'altérité.

Il y a un *autre avantage*. Partout, en outre-mer, la culture, en tant que patrimoine et style de vie, est *médiatisée* par les rapports sociaux et les débats politiques. C'est cela qui est intéressant : ce sont des sociétés, et pas seulement des cultures. On retrouve ici l'héritage d'un modèle politique universaliste français qui nous prémunit contre une éventuelle dérive culturaliste. C'est un des aspects positifs de la tradition française,

contrairement à nos voisins britanniques qui prônent un modèle
plus communautariste, ou à la différence des Hollandais qui
défendent l'idée commerciale du comptoir. La France a toujours insisté sur la nécessité d'*organiser une société*, même
si la réalité a souvent été plus compliquée. L'État et l'administration, pour ainsi dire, se sont toujours occupés de la
société, avec l'école, la santé, les transports et l'économie.
Ce que l'on reproche souvent au modèle universaliste de la
France – sa prétention à réformer toute la société – devient,
par rapport à l'enjeu de la cohabitation culturelle, une chance
de se prémunir contre la dérive culturaliste. Il ne s'agit pas
seulement de préserver des identités culturelles, il faut aussi
les relier à la vie de la société. Chaque collectivité d'outre-
mer est ainsi devenue une société avec ses institutions, où la
dimension culturelle est certes toujours importante, mais
médiatisée par les réalisations sociales.

Les risques de communautarisme sont donc plus faibles, et
si les revendications d'identité culturelle, parfois d'indépendance, sont fortes, très peu sur place dissocient culture et
société, ce qui, d'une certaine manière, est un hommage au
modèle universaliste venu de France. En outre, sur place, il
n'y a pas d'identité culturelle unique, puisque les populations sont composées d'autochtones, de métis, de Blancs et
très souvent de populations appartenant à d'autres communautés. L'outre-mer est donc l'un des chantiers de l'*identité
culturelle relationnelle*, l'avant-garde du défi de la cohabitation culturelle à construire. L'histoire, la politique, la culture,
les liens à la métropole et à l'Europe sont constamment
entremêlés et freinent la progression de l'identité culturelle-
refuge, qui est tout de même l'une des menaces les plus
fortes au niveau mondial.

Dialogues, tumultes, fraternités

Si le lien à la métropole est souvent vécu de manière
conflictuelle, il a au moins l'avantage d'orienter la question
de la diversité culturelle vers un projet politique démocratique.

La *Nouvelle-Calédonie* illustre ce phénomène. Les événements tragiques d'Ouvéa, en 1988, risquaient de déclencher une guerre civile. C'est grâce aux qualités intellectuelles et humaines de J.-M. Tjibaou et de J. Lafleur sur place et de M. Rocard à Paris que l'irréparable a été évité. Les accords de 1988, puis ceux de 1998, ont fixé un calendrier entre 2013 et 2018 où il sera possible aux deux communautés de décider souverainement ce qu'elles veulent faire de leur pays. L'apprentissage du respect et de la démocratie est difficile, mais, en l'espèce, les relations font des progrès : au bord du gouffre, les communautés ont décidé de cohabiter et de construire un destin commun. Un espace public s'est ouvert en Nouvelle-Calédonie, une communication politique est née, et même si les inégalités demeurent, même si la confiance n'est pas toujours au rendez-vous, il existe *déjà* une tradition de discussion contradictoire. L'expérience est certes particulière, avec deux communautés très opposées, l'absence d'une classe métis, une grande capacité économique accompagnée de fortes inégalités, mais elle a une dimension beaucoup plus générale : au bord de la guerre civile, il a finalement été possible, dans un pays marqué notamment par l'histoire du bagne, les inégalités et les différences culturelles, d'instaurer un processus démocratique. La Nouvelle-Calédonie est donc une terre d'avant-garde pour la cohabitation culturelle. L'État n'y est pas l'adversaire, mais l'arbitre et le conseiller pour les deux communautés qui choisiront leur destin entre 2013 et 2018. L'histoire politique du début du XXIe siècle s'écrit partout, et pas seulement avec les grandes nations, surtout dès lors qu'il est question d'identité culturelle.

À l'opposé de la Nouvelle-Calédonie, il y a l'expérience de *Mayotte*. En 1975, l'île décide, par référendum, contrairement aux deux autres îles constituant l'archipel des Comores, de ne pas devenir une république islamique, mais de rester liée à la France. Mayotte est aujourd'hui une collectivité départementale et deviendra un département à part entière en 2006. Du point de vue de la cohabitation culturelle, tout reste à faire dans un contexte islamique où la République doit à la fois construire un véritable département, et préserver l'identité religieuse, culturelle et sociale d'une île qui appartient à un archipel contrasté, où plus de la moitié

de la population (200 000 habitants) a moins de vingt ans.
Un énorme *pari* est donc en jeu : respecter la diversité culturelle, construire un minimum de cadre commun, développer
une économie qui appartienne à la zone euro, conserver les
traditions d'une société qui depuis toujours a sa propre organisation, l'ouvrir à la modernité, développer des relations
interrégionales, former des cadres... Bref, à Mayotte, se joue
un nouveau modèle de développement et de relation avec
Paris. Comme en Nouvelle-Calédonie, il s'agit de savoir s'il
est possible d'assurer un développement respectueux des différences culturelles tout en établissant le minimum de règles
et de pratiques communes avec la République.

La *Réunion*, l'île la plus peuplée (700 000 habitants), est
aussi celle de la plus grande tolérance. Toutes les communautés et les religions de l'océan Indien y sont représentées.
Ici la cohabitation culturelle existe réellement. La *Martinique*, et sa sœur « rivale » la *Guadeloupe*, ont été tragiquement marquées par l'esclavage, et si la Martinique est restée
aristocratique, la Guadeloupe est plus secrète. Moins de
métissage visible mais une identité forte, un lien substantiel à
la culture caraïbe, des rapports sociaux nets, avec un espace
politique ouvert. Là-bas, les oppositions sont sur la place
publique... Et l'identité culturelle est tellement forte que la
fascination pour les États-Unis, pourtant très proches, n'a
rien à voir avec ce que l'on observe ailleurs. *Saint-Pierre-et-
Miquelon* ne valorise pas assez son identité nord-américaine
et cette expérience d'un climat extrêmement froid, couplée à
une omniprésence de la pêche. Avec la *Guyane*, on est dans
une problématique continentale – celle de l'Amérique ama-
zonienne. Ici l'histoire du bagne a créé une société très particulière, et la proximité du Surinam et du Brésil complète
l'originalité de cette culture sur laquelle la greffe de Kourou
est étonnante. En tout cas, tout ici est original par rapport aux
traditions îliennes de l'outre-mer. La *Polynésie* est une
société à forte identité culturelle et à fort pluralisme. Ici le
grand Océan crée des distances subtiles, et beaucoup d'innovations culturelles et sociales sont possibles. Quant à *Wallis-
et-Futuna*, en dehors des rapports difficiles avec la Nouvelle-
Calédonie, elle illustre un peu le complément de Mayotte :
jusqu'où est-il possible de conserver les formes culturelles,

sociales et politiques les plus traditionnelles, tout en appartenant à la République ? Autrement dit, jusqu'où, au-delà des
règles républicaines à respecter, et non contestées sur place,
la République est-elle capable non seulement de tolérer, mais
aussi de valoriser cette altérité culturelle radicale ?

Ces quelques mots ne suffisent pas à rendre compte de la
prodigieuse diversité culturelle et sociale de ces territoires
que seul le hasard de l'Histoire a rattachés à la France.

En quelques siècles, ces territoires qui ont d'innombrables
liens avec les Caraïbes, l'océan Indien, le Pacifique, et, partant avec d'autres histoires, d'autres cultures, d'autres représentations du monde, ont profondément changé la dimension, l'identité, l'esthétique et la vision de la France – les
Français, toutefois, n'apprécient pas cet apport à sa juste
valeur. Ils permettent à la France de sortir d'elle-même et de
l'Europe, et d'avoir les yeux ouverts sur le monde. À
l'inverse, pour ces territoires, dans le cadre de la mondialisation, le lien avec la France *et* l'Europe est une chance pour
contrebalancer les facteurs de fragilité et d'effritement des
frontières. Quand les deux partenaires comprendront-ils qu'il
s'agit d'une chance mutuelle ? Et quand ces collectivités
ultra-marines tisseront-elles aussi, *entre elles*, ce réseau de
diversité culturelle ? Car il ne faut pas l'oublier, l'enjeu de la
cohabitation culturelle est à *trois niveaux* : entre la métropole
et ces territoires, entre ces territoires eux-mêmes, entre ces
territoires et leurs environnements géographiques et culturels. C'est même d'ailleurs en construisant ces relations qu'il
sera possible de sortir du face-à-face souvent difficile avec
Paris.

L'absence de politique de l'outre-mer

Depuis près de deux générations, la France n'a plus de
politique ambitieuse outre-mer. Bien sûr, il existe des liens
institutionnels, économiques, culturels et sociaux, mais pas
de grand dessein. Quelles en sont les raisons ?

La *première* est la quasi-disparition de la culture de
l'outre-mer dans les classes dirigeantes. La mauvaise
conscience liée à la décolonisation en est la cause, comme si

l'outre-mer n'était qu'un « reste » de l'empire colonial,
appelé un jour à réclamer son indépendance. Après les tour-
ments de la décolonisation, les années 60 ont laissé place à
un désintérêt pour tout ce qui, de près ou de loin, avait été lié
à l'histoire coloniale. Et l'outre-mer, comme d'ailleurs la
francophonie, en a subi de plein fouet les conséquences.

Les élites, mal à l'aise devant le difficile problème de la
diversité culturelle, se sont *radicalement* détournées des
racines mondiales de la France, d'autant que ces territoires
ne représentaient pas un enjeu économique, au vu des critères « de la modernité ». Tout cela sonnait un peu désuet :
éloignée des valeurs modernes des Trente Glorieuses, la
France du bout du monde semblait un morceau de nostalgie.
Entre la mauvaise conscience et la fascination pour la modernité – deux positions également simplistes –, la curiosité à
l'égard de ces sociétés est restée dramatiquement faible, sauf
pour une minorité de hauts fonctionnaires, de militaires, de
médecins, de religieux, d'enseignants et de quelques industriels que l'on rangeait poliment dans la catégorie des esprits
exotiques, puisque, au final, il était convenu que tout cela
restait une affaire de soleil, de mer et de cocotiers…

La *deuxième* raison qui explique l'absence de l'outre-mer
sur la scène politique française est que, depuis cinquante ans,
toutes les énergies du pays ont été dépensées *au profit de*
l'Europe. C'était là le grand défi contemporain, en comparaison duquel tout paraissait secondaire, presque fade… Au
fait que manquait la culture mondiale, qui aurait pu faire
comprendre l'intérêt de l'outre-mer, s'ajoutait le sentiment
que l'histoire du monde se jouait en Europe. L'Europe était
aussi un moyen d'« oublier » les événements tragiques de la
décolonisation – aussi bien pour la France que pour la Belgique, la Grande-Bretagne, le Portugal…

Bref, la France a perdu la fierté de ses racines mondiales.
Elle a perdu la fierté d'une partie de son histoire et de sa
culture, pour se « replier » sur l'Europe. Même les militaires,
censés avoir une vision géostratégique du monde, n'ont plus
joué ce rôle d'élargir notre vision au-delà de l'Hexagone et
de l'Europe. Le patronat, inquiet des séquelles d'une histoire
problématique, a préféré oublier ces territoires qui avaient
permis autrefois la constitution de réelles fortunes. Quant à

l'Église catholique, soupçonnée d'avoir toujours été « du côté du manche », elle n'a pas su *dire* assez nettement que dans la durée tout était un peu plus compliqué.

À relire cette histoire, on sera étonné du peu d'intérêt qu'un pays, apparemment universaliste, aura manifesté pour ses outre-mers. La mondialisation économique s'est ensuite installée, sans susciter de prise de conscience. Aujourd'hui, à droite comme à gauche, l'État français ne sait pas très bien ce qu'il veut de l'outre-mer. Pourtant les positions convergent : la *gauche* a compris que la solution « naturelle » de l'indépendance est souvent un leurre. Et la *droite* est acquise à l'autonomie.

Au fond, tout le monde est d'accord pour un statut d'autonomie, des droits et des devoirs mutuels, et l'intérêt commun qu'il y a à rester ensemble. Ce serait un progrès supplémentaire si la droite et la gauche, aujourd'hui d'accord sur l'essentiel, coopéraient davantage et contribuaient ainsi à créer ensemble plus de curiosité pour les outre-mers et pour accroître les relations mutuelles.

L'idée est simple : après la décolonisation, la mondialisation a rebrassé les cartes et, dans le gigantesque maelström politico-culturel à venir, les liens entre la France, l'Europe et les outre-mers sont une chance pour créer, au-delà de l'économie, un modèle original de développement et une nouvelle solidarité. En un mot, l'outre-mer est un révélateur des problèmes nouveaux qui vont se poser au monde. Pour l'instant, *il manque encore à la France une grande ambition* par rapport à ce nouvel enjeu.

La colonisation, dans un contexte politique et culturel radicalement différent, avait constitué une *ambition*. La décolonisation, après deux guerres mondiales, ne s'est pas accompagnée d'un nouveau défi. Finalement, tout cela est demeuré une expérience triste, peu glorieuse, compensée par le défi de la construction européenne. Mais celle-ci, avec le passage de quinze à vingt-cinq membres, sera obligée, très rapidement, de sortir d'elle-même et d'affronter le monde – donc sa propre histoire… L'Europe va devoir retrouver ses racines mondiales qu'elle a un peu hâtivement considérées comme dépassées… Les cinq puissances coloniales entre le

XVIIᵉ et le XXᵉ siècle n'ont-elles pas été européennes : britan-nique, française, hollandaise, espagnole, portugaise ?

La spécificité de la France dans ce contexte est d'être le pays qui a gardé le plus de liens institutionnels économiques, et surtout sociaux et culturels, avec les outre-mers. Peut-être va-t-elle enfin admettre que, face au gigantesque problème à venir de la cohabitation des cultures, elle a une réelle compé-tence. Mais pour le moment domine encore une sorte de crainte à ouvrir ce chapitre essentiel de la cohabitation cultu-relle. Il y a une « fuite en avant institutionnelle » ; on en reste trop souvent au niveau des statuts, comme s'ils pouvaient régler les relations, de toute façon difficiles, de la cohabita-tion culturelle. Les statuts sont importants pour montrer la bonne volonté de la métropole à accorder cette autonomie, mais ce n'est que la moitié du chemin. À la limite, ils banali-sent des relations nécessairement originales, alors que c'est le bouillonnement social et culturel qui fera la richesse de ce lien à construire.

Évidemment, on nous rétorquera que la France n'est pas prête et l'on prendra acte du faible score aux présidentielles de 2002 de Christiane Taubira, candidate du parti radical, originaire de Guyane. Avec cette candidature, il était pour-tant possible de poser la question des enjeux politiques et culturels de la mondialisation, de la nécessité de créer d'autres liens, d'ouvrir une nouvelle page de l'histoire. Mais peut-être était-ce trop tôt. En tout cas, l'absence de débats autour de cette candidature prouve le désintérêt actuel de la classe politique pour les questions de l'outre-mer, qui repré-sente tout de même 2,5 millions de personnes.

En veut-on un autre indice ? *L'État lui-même ne valorise pas* ses préfets, sous-préfets, recteurs, administrateurs, et l'en-semble de ses personnels outre-mers, où pourtant la cohabi-tation culturelle soulève des problèmes inédits et souvent dif-ficiles. Vue de l'État, la France s'arrête à la métropole, avec comme seule ligne de mire Bruxelles. Si un fonctionnaire désire aller vivre et travailler « là-bas », on le prend pour un original, pour un paresseux, ou pour quelqu'un à la recherche d'avantages matériels.

Il est frappant de voir que, sur les outre-mers, dominent les stéréotypes les plus éculés. Quand a-t-on, par exemple, entendu le Médef, qui se pique de modernité humaniste, dire quoi que ce soit sur le sujet ? Ne devrait-il pas s'émouvoir quand le groupe Accor annonce qu'il peut abandonner ses activités en Guadeloupe et en Martinique « en raison d'un climat social détestable » ? De même, les religions chrétiennes, largement présentes sur place et qui font dans l'ensemble un considérable travail d'éducation et de formation, ne sont ni sollicitées ni écoutées par la métropole, sauf en cas de catastrophe naturelle, où l'on est toujours content de trouver pour le journal télévisé un religieux capable d'expliquer la situation. Les médias métropolitains ne brillent pas non plus pour leur intérêt à l'égard des outre-mers : le régime des « envoyés spéciaux » prévaut.

C'est d'autant plus regrettable qu'en termes de débat, sur les notions d'identité, d'intégration, de citoyenneté, les outre-mers ont beaucoup à nous apprendre. Des indépendantistes aux autonomistes en passant par les départementalistes, toutes les opinions sont sur la place publique. D'ailleurs, en cinquante ans, les notions de peuple, de classe, de nation, d'ethnie, d'association, d'indépendance, d'autonomie ont fait l'objet de débats passionnés, à la suite des courants tiers-mondistes. Pourquoi n'y a-t-il aucune mémoire ni aucune culture de ces enjeux politico-institutionnels ? Les statuts, les ministres, les fonctionnaires passent, sans mémoire, ni fierté. Comme si en outre-mer rien ne pouvait faire sens. Ainsi, la *problématique des îles*, si importante outre-mer, n'est pas valorisée dans la pensée politique et culturelle de la métropole. Il y a là, pourtant, des domaines très intéressants à mettre en valeur, et utiles dans le cadre de la cohabitation culturelle mondiale. Que l'on regarde une carte de l'océan Pacifique ! Personne, en dehors de quelques personnalités, ne réalise la richesse culturelle que représentent les îles par rapport à la République. À l'inverse, cela permettrait de mettre en valeur l'expérience unique de la Guyane qui est d'être sur le continent latino-américain, au débouché de l'Amazonie et proche du Brésil, offrant de tout autres perspectives par rapport à la problématique de la cohabitation culturelle. Cela permettrait aussi de mesurer la spécificité de la situation de Mayotte et de la Réunion au carrefour de l'Afrique et de l'océan Indien.

Même les *nouvelles technologies de l'information* et de la communication, qui sont un vecteur privilégié entre l'outre-mer et la métropole, ne sont pas mises en valeur. Elles sont pourtant une aventure *commune* aux uns et aux autres. Dans l'ensemble, l'outre-mer s'est orienté vers une communication à connotation culturelle, ce qui permet, compte tenu de la diversité des territoires, de promouvoir une palette d'expériences extrêmement intéressantes. Le haut niveau de vie et d'éducation, allié à cette diversité culturelle, en fait des lieux de lecture, en grandeur nature, d'une *autre* manière d'aborder les nouvelles technologies. Dans ce domaine, la France essaie de faire un peu autre chose, à la fois pour l'éducation, les services, l'administration, l'économie, et elle ne le fait pas savoir. Valoriser les expériences des nouvelles technologies de l'information et de la communication outre-mer aurait aussi l'avantage de motiver la jeunesse qui trouverait là un chantier où s'investir et prendrait confiance en elle-même. En fait, les nouvelles technologies sont le révélateur d'une grande capacité d'adaptation de l'outre-mer.

Mais, semble-t-il, *rien d'important ne peut venir d'outre-mer* ! Pourtant, pour ces technologies, les outre-mers sont une voie de passage entre le Nord et le Sud et permettent d'éprouver la capacité d'innovation et de décloisonnement entre les communautés. Elles ouvrent aussi une réflexion sur cette contradiction, notamment pour les îles : les nouvelles technologies invitent à sortir de l'isolement, mais... accélèrent la disparition des traditions.

La France et le monde : trois niveaux de communication

Les outre-mers ne sont qu'une dimension de cette France multiculturelle. Les deux autres concernent les relations avec les anciennes colonies – qui relèvent de la juridiction du ministère délégué à la Coopération – et la francophonie. Le fait que coopération et francophonie dépendent souvent du même ministère ne simplifie pas les choses. Dans les deux cas, la France joue un rôle important, mais elle est ici face à des États souverains. Ce sont donc les liens créés par l'histoire, la culture et les langues qui sont essentiels. La *négocia-tion* est la règle, préfigurant ainsi les relations de cohabitation culturelle qui existeront progressivement partout dans le monde. Autrement dit, les relations souvent délicates de la France avec ses anciennes colonies, ou avec la francophonie, ne sont pas les restes du passé, mais sont plutôt annonciatrices de ce qui se passera demain, partout dans le monde. Il y aura à la fois des souvenirs de dépendance, des inégalités économiques, et une aspiration à plus d'égalité et de dignité. Tout cela constitue dans la durée les bases de relations extrêmement fortes. Il suffit d'observer la profondeur des sentiments qui unissent la France aux pays aujourd'hui indépendants, et qui furent des colonies, ou des territoires sous mandat. Les territoires sont d'ailleurs aujourd'hui souvent plus libres avec le passé, et plus demandeurs de relations fortes, à condition qu'elles soient plus égalitaires que ce que l'on observe en France. C'est le cas au Maghreb, au Proche- et au Moyen-Orient, en Afrique et en Asie. D'une certaine manière, la France est aujourd'hui en *retard* par rapport à la possibilité de retrouver, au-delà de l'économie, plus de fraternité avec tous ces territoires, ces États, ces nations, ces peuples et ces cultures qui lui ont beaucoup apporté. Plus on parlera des conditions de la décolonisation, plus il sera possible d'accorder enfin toute leur place à ces relations fortes si indispensables à la cohabitation culturelle à construire.

Le ministère délégué à la Coopération regroupe donc les anciennes colonies et territoires sous mandats, soit plus de 20 États. Certains d'entre eux sont rassemblés au sein de l'Europe sous le vocable ACP (Asie-Caraïbe-Pacifique). En tout 77 États et 600 millions d'habitants sont en quelque sorte associés à l'Union européenne, dans le cadre des accords de Yaoundé, de Lomé, et récemment de Cotonou.

De son côté, la francophonie regroupe 49 États et cinq pays proches, soit 170 millions d'habitants ayant le français comme langue naturelle. Notons que tous les pays francophones n'appartiennent pas encore à la francophonie du fait de tensions politiques, mais l'intérêt de ce regroupement, qui transcende langue et cultures, s'impose au fur et à mesure de l'ouverture au monde, et concerne entre 300 et 400 millions de personnes, selon la manière de compter.

La comparaison avec d'autres aires linguistiques permet de situer le poids relatif de la francophonie. Du point de vue de la diversité culturelle, la francophonie est importante, même si de nombreux États reprochent à la France de se comporter encore en puissance tutélaire. Mais la force de la francophonie vient au moins autant de l'engagement et du dynamisme de tous ceux qui parlent français dans le monde que de la seule action de la France. Pour le moment, elle est d'une certaine manière le résultat d'une première cohabitation culturelle, celle qui a résulté de la conquête du monde entre le XVIe et le XVIIIe siècle. Les anciennes colonies regroupées aujourd'hui dans la coopération représentent, pour leur part, un deuxième temps dans la cohabitation culturelle, celui du partage du monde par les puissances coloniales européennes du XIXe siècle. Puis vient la cohabitation culturelle liée aux outre-mers. *Ces trois expériences historiques* sont fondamentales pour aborder cette cohabitation culturelle à construire à l'échelle mondiale.

Trois démarches simultanées doivent donc être menées : assumer la dimension multiculturelle de la France ; développer la francophonie en l'autonomisant par rapport à Paris ; assumer la place de la francophonie dans le monde par rapport aux autres aires culturelles.

Ce raisonnement vaut pour d'autres pays européens, comme la Grande-Bretagne, l'Espagne, le Portugal (nous y reviendrons). Face à l'émergence de la diversité culturelle, le détour vers l'identité culturelle est indispensable. Plus cette identité collective est assumée, plus on peut essayer de construire l'identité culturelle relationnelle et échapper à l'identité culturelle-refuge qui, d'une certaine manière, est l'antithèse de la cohabitation culturelle.

Assumer la diversité culturelle, c'est d'abord assumer la *diversité linguistique*. De ce point de vue, la France ne valorise pas assez *ses* français, dialectes et créoles. Bien sûr, le côté « solennel » de la langue y est quelque peu mis à mal au profit de nouvelles références et d'associations inattendues. Mais quelle imagination et quel humour dans les mille et une manières de parler le français dans le monde ! Les langues françaises sont évidemment une chance pour la langue française. Une comparaison s'impose. Les monuments aux morts de la guerre de 1914-1918 sont, à juste titre omniprésents en métropole, en outre-mer, dans les anciennes colonies, voire dans la francophonie, pour rappeler aux métropolitains ce qu'ils doivent à d'autres communautés. Pourquoi n'y a-t-il rien pour la valorisation de cette diversité linguistique, première condition de la vie du français et du pluralisme culturel auquel il a donné naissance ? La cohabitation culturelle passe *d'abord* par la diversité linguistique, y compris la diversité des français. Le français est lui-même pluriel. Ce qui est en cause avec les mots, ce sont les façons de penser, de rêver, de créer. Préserver la pluralité des représentations du monde constitue la première condition de la cohabitation culturelle.

Cette pluralité renvoie aussi à la *diversité des populations* dans les outre-mers, les anciennes colonies et la francophonie. Les races, les ethnies et les mélanges, qui sont le résultat de rencontres, font une *palette de populations* extrêmement riche. C'est aussi le cas de la France qui, se trouvant au bout du cap de l'Europe, a toujours été le pays des mélanges de population, n'en déplaise à l'extrême droite, tenante d'une « identité française pure », au reste complètement fictive.

En France, ce n'est pas la première fois qu'on fait l'expérience de la diversité culturelle et, à chaque fois, les apports extérieurs ont enrichi le pays – ainsi l'immigration maghrébine et orientale depuis les années 60.

L'échelle *la plus large* de cette diversité culturelle concerne la francophonie, avec cette place toute particulière pour les Québécois, qui représentent une véritable leçon d'histoire. Pendant plusieurs siècles, au prix de leur promotion individuelle *et* collective, ils ont résisté à l'intégration dans l'espace culturel et politique anglophone. Si les anglophones canadiens rechignent, ils doivent aussi mesurer que leur pays est au-devant de *toutes* les batailles de la diversité culturelle. Les États-Unis, en comparaison, n'ont pas aussi bien réussi à gérer leur multiculturalisme. Et même si les relations entre le Québec et le Canada anglophone ne sont guère bonnes, ces affrontements ont l'utilité de nous rappeler que la bataille de la diversité culturelle est toujours difficile.

L'acceptation d'un certain élargissement des modes de pensée est à la fois une nécessité *et* une immense difficulté, mais c'est probablement une condition indispensable pour que, dans un deuxième temps, beaucoup de peuples ne rejettent pas cette mondialisation. En somme, il faut *choisir* entre la diversité culturelle, si difficile et coûteuse soit-elle à gérer, et la fuite en avant dans une logique apparemment moderniste et mondialiste, en réalité porteuse de nombreux conflits culturels.

Les actions à mener

Il y a eu un *contresens* sur la notion de village global. On a cru, pendant trente ans, qu'il allait rapprocher les hommes parce que les techniques réduisaient les distances géographiques. C'est l'inverse qui s'est produit. C'est parce que le monde est devenu fini, petit, sans possibilité d'en sortir, d'aller plus loin, de s'échapper, que la réalité de la cohabitation s'impose. Tant qu'il y avait de l'ailleurs, même fantasmatique, la question de l'Autre pouvait être repoussée. *L'Autre restait un objet ethnologique. En cinquante ans, l'Autre est devenu une réalité sociologique.* L'Autre, hier lointain, est aujourd'hui un voisin. Il est là, à la télévision, dans l'immeuble ou dans la rue. Il n'y a plus d'ailleurs. *Le village global n'est pas une « libération », c'est une contrainte.* C'est toute la différence entre une approche technique et une approche humaine de la communication. Être proches et visibles les uns des autres oblige à un réel effort de tolérance, puisqu'on ne se ressemble pas. Apprendre à cohabiter est fondamentalement un enjeu politique. Face à ce chantier, on a fait le plus facile : disposer d'outils performants, et encore ne sont-ils pas égalitairement répartis dans le monde. Le problème essentiel, ensuite, est celui de la cohabitation des hommes et des sociétés.

Sortir de la décolonisation

Il faut briser le cercle vicieux de la culpabilité et de la réparation. La métropole, au titre de la décolonisation est coupable, et le plus souvent n'ose pas s'opposer de peur d'être traitée de colonialiste. Résultat : les outre-mers résistent, freinent et demandent *réparation*. Réparation, repentance, culpabilité, ces trois mots plombent le débat politique. Il faut sortir du paradigme de la décolonisation. L'outre-mer a aujourd'hui autant de devoirs que de droits, et la métropole doit assumer ses droits, et pas seulement ses devoirs.

L'outre-mer, ce n'est pas la France coloniale en plus petit, ni les restes d'un empire englouti. C'est une France autre. À cet égard, il faut aussi sortir de l'opposition entre outre-mer et métropole. Désacraliser l'idéal un peu simple de l'indépendance et valoriser ce qu'apportent d'autres expériences, comme l'autonomie, la souveraineté partagée, la coopération, le codéveloppement. C'est aussi reconnaître la difficulté qu'ont ces sociétés à se prendre en main et à sortir de l'assistance. C'est enfin valoriser les progrès *réalisés en commun*, comme l'émergence d'une classe moyenne et d'une classe dirigeante outre-mer, avec notamment l'élévation globale du niveau d'éducation et des connaissances.

Sortir de la culpabilité de la décolonisation, c'est aussi *arrêter cette course institutionnelle* dont on a vu qu'elle ne peut pas faire l'économie d'une réflexion politique, ni d'une expérience sociale, ou d'une capacité économique. Les statuts peuvent sanctionner une évolution ; ils ne suffisent pas à la créer, et le juridisme, aussi utile soit-il, ne remplacera pas l'épreuve de l'histoire. Du reste, si les statuts ont quelque utilité, c'est surtout pour les élites d'outre-mer qui, en un demi-siècle, ont appris comment obtenir encore plus sans que rien change vraiment pour autant.

Outre-mer, le droit est d'ailleurs une réalité extrêmement intéressante, et là encore trop peu valorisée. La succession des lois et statuts dans un laps de temps très court est en soi un lieu de lecture privilégié de l'évolution des rapports politiques et culturels entre l'outre-mer et la métropole. Le droit est un facteur de changement et, en cas de conflits entre les communautés, ou bien entre l'État et les collectivités territoriales, il permet de les apaiser par l'utilisation de procédures d'arbitrage. Il est finalement un processus d'apprentissage de la démocratie. En revanche, il y a un risque de trop « juridiciser » la société dans une fuite en avant statutaire, comme si le droit pouvait seul changer la société. Avec cette dérive complémentaire que le droit concerne une petite élite, qu'il encourage une approche forcément partielle de la réalité, et qui n'a pas toujours de lien avec les autres dimensions de cette réalité, notamment avec les droits coutumiers très influents outre-mer.

Par ailleurs, si tout est trop institutionnalisé, l'*économie* apparaît comme le seul facteur *réel* de changement. Et l'on arrive à l'inverse du but recherché. Entre la métropole et les outre-mers, on veut établir une solidarité qui aille au-delà des intérêts de la division internationale du travail et du capital, mais à force de penser que le droit peut créer le changement, on retombe en réalité dans l'*économicisme* que l'on voulait éviter. Autrement dit, si l'on institutionnalise trop les relations entre outre-mer et métropole, on donne un poids excessif à l'économie, et potentiellement à la violence des rapports sociaux. Il y a un équilibre à trouver, dont l'État doit être le garant, sinon le partenaire. Ses représentants doivent en tout cas se montrer plus motivés, défendre la référence à l'intérêt général, représenter la diversité culturelle, sans conforter les collectivités dans le sentiment qu'elles peuvent tout faire. L'outre-mer doit pouvoir obéir aux règles de l'*État de droit*, et s'attaquer lui-même à la corruption dans les domaines économiques, fiscaux, juridiques. Pour ce faire, il faut veiller à ce qu'une économie réelle s'installe. Quand trop d'argent circule, la paresse, la consommation et la corruption prolifèrent et renforcent les fantasmes de l'indépendance dans une société qui est *hors* de la réalité sur le plan institutionnel, économique et social. Or l'outre-mer sait très bien obtenir de Paris des concessions croissantes, et ce d'autant plus facilement que la culpabilité demeure grande. Tout cela prépare les conditions d'un naufrage : une sorte de *néoréalité* donnant le sentiment de sociétés autonomes, parce qu'elles ont un train de vie élevé, mais sans rapport avec la réalité. On n'achète pas l'adhésion des peuples et des cultures avec un niveau de consommation, même si sur place tout le monde réclame la parité avec l'Hexagone.

De ce point de vue, il est important de songer à défendre le *pluralisme de la presse*. RFO joue un rôle important. Il est un médiateur de cultures et un miroir de l'outre-mer, dont la métropole sous-estime l'impact. Mais il faut aussi compter avec TV5 qui est la seule chaîne francophone de télévision, RFI, la radio internationale, et bien sur France-Télévision et ses trois chaînes (France 2, France 3, France 5). Le secteur public, mais aussi le secteur privé, peuvent devenir des acteurs puissants de l'action culturelle.

Par ailleurs, dans l'ensemble, il y a trop peu de presse d'opposition, les informations sont en général sans relief et les citoyens ignorés et totalement réduits au statut de consommateurs. Symétriquement, à Paris, la presse ne *s'intéresse jamais* à l'outre-mer, sauf pour les conflits sociaux, les modifications institutionnelles et les voyages officiels. Quel quotidien ou hebdomadaire a une rubrique *régulière* et bien faite sur l'outre-mer ? Même question pour la radio et la télévision. Pourquoi le journalisme d'investigation, si prompt à se manifester en métropole, est-il aussi absent outre-mer ? Pourquoi n'y a-t-il pas plus d'enquêtes sérieuses en dehors de quelques récits d'envoyés spéciaux hésitant entre dénonciation rapide et publi-reportage touristique ? On retombe toujours sur cet ensemble de griefs de l'outre-mer à l'égard de l'Hexagone : manque de curiosité, culture de l'outre-mer défaillante chez les élites, stéréotypes et culpabilité. Il n'y a pas de pluralisme pour l'outre-mer, ni sur place, ni en métropole.

À cet effort de pluralisme dans la presse, il faudrait en ajouter un, de la part de la *classe politique*. *Et cela des deux côtés* : pas seulement de la part des élus métropolitains pour l'outre-mer, mais aussi de la part de ceux de l'outre-mer, pour la métropole. Il y a plus de trente députés et sénateurs, et plus de cent maires d'outre-mer. Quand interviennent-ils dans les débats nationaux ? Et qu'apporte la classe politique outre-mer à la *métropole* si elle n'intervient que pour soutenir ses intérêts ? Inversement, que font, outre-mer, les parlementaires de l'Hexagone, en dehors de quelques missions ponctuelles ? Pour sortir de cette impasse, il faut engager un travail sur l'histoire, reconquérir une mémoire du XXᵉ siècle

avec ses ombres et ses lumières. Faire une collecte de
mémoire sur les immigrations, les guerres, les événements,
les familles. Revenir aussi sur la mémoire coloniale qui
appartient à tous, réexaminer les *expositions coloniales et
ethnographiques* pour comprendre, en dépit du discours des
métropolitains eux-mêmes, combien l'empire colonial a
façonné l'identité française au-delà de ce que l'on imagine.
Un exemple : il y a eu 8 millions de visiteurs à l'exposition
coloniale de 1931 et 5000 visiteurs à l'exposition critique qui
s'était tenue simultanément. Si la mémoire ne doit pas empêcher que se construise une nouvelle histoire, elle est un élément indispensable de connaissance mutuelle. Il est révélateur qu'il y ait en France vingt-deux musées sur la guerre,
mais aucun sur la colonisation.

Il faut aussi revenir sur l'*histoire religieuse* outre-mer. Les
religions chrétiennes ont certes fait des dégâts, mais en
même temps elles ont donné à ces peuples les moyens intellectuels de s'approprier leurs cultures en leur permettant de
formuler leurs revendications. Les missions n'ont du reste
pas toujours été du côté du pouvoir. Il faut éviter les générali-
sations hâtives : les prêtres ne sont pas les évêques, toutes les
congrégations n'ont pas agi de la même manière. Quoi qu'il
en soit, cette évangélisation, sur un ou deux siècles, est un
patrimoine commun à revisiter. Se réapproprier cette histoire
qui court sur les trois siècles est d'autant plus *utile* que la
France est *laïque*. Elle peut justement, par un dialogue
authentique entre la société, la culture et la religion, créer un
exemple et apporter ainsi son aide à d'autres territoires,
proches des collectivités d'outre-mer, et traversés aujour-
d'hui par les guerres religieuses ou les fondamentalismes.

Enfin, comment parler de cohabitation culturelle sans
qu'existe un lieu de mémoire, de rencontres, de débats ?
Réaliser une *maison des outre-mers*, ou plutôt plusieurs maisons, est un objectif prioritaire pour assurer ce lien entre le
passé et le futur. Cette réalisation est *aussi* fondamentale que
le Grand Louvre ou le musée des Arts premiers. Il faudra
pouvoir parler de tout : des explorations aux conquêtes, des
guerres de colonisation à celles de décolonisation, des religions à l'éducation, de la santé à l'alphabétisation, de la corruption à la formation de l'administration. Si ces maisons

pouvaient aussi être des *lieux d'accueil* pour toute une jeunesse d'outre-mer ou de la francophonie, *la France serait
ainsi à la hauteur de sa prétention à l'universel.* L'enjeu
politique, culturel et communicationnel est aussi fondamental que la création des maisons de la culture par André
Malraux en 1960.

Échapper à l'angélisme identitaire

Il faut aussi savoir garder ses distances : en réifiant la
culture ou en en faisant le principal argument politique, la
menace est celle de l'identité-culturelle-refuge, alors qu'il
faut au contraire essayer de s'ouvrir à une identité culturelle
relationnelle. Il ne faut pas trop culturaliser les débats. Il faut
introduire les dimensions économique et sociale, bref socialiser, non culturaliser. *Socialiser* la problématique de l'identité culturelle, ce n'est pas seulement sortir du face-à-face
avec Paris et élargir le cercle avec la coopération et la francophonie, c'est aussi *examiner les contradictions sociales
qui existent au sein de ces sociétés* d'outre-mer et d'ailleurs.
Elles ne sont ni parfaites, ni seulement « déformées » par
Paris. Il faut que se crée un espace public *dans* les sociétés
d'outre-mer ; qu'émerge une classe moyenne capable de
mieux gérer les rapports entre autochtones, métis et autres
communautés, capable, aussi, de regarder en face les multiples formes de discrimination sociale, voire raciale, qui
existent simultanément. Le racisme existe partout. Bref, il
faut *sortir* de cet *angélisme identitaire* qui conduit fatale-
ment à l'identité-refuge. Avec l'outre-mer, la coopération et
la francophonie, la France a la chance d'avoir trois zones
culturelles où se joue déjà le *débat essentiel* sur l'*identité*, la
citoyenneté et la *nationalité*. Pour cela, valoriser les universités de la communication qui sont un lieu propice pour
penser les problématiques de la communauté, la nation,
l'ethnicité et la citoyenneté.

Cette ouverture indispensable sur autrui rend de plus en
plus surréaliste le refus de donner le *droit de vote*, au moins
municipal, aux communautés immigrées vivant depuis longtemps sur le sol national. Quand ce refus sera enfin levé,
l'Europe, rétrospectivement, aura honte d'avoir tant tardé.

Comment peut-on *à la fois* parler de mondialisation, de la
nécessité de créer plusieurs niveaux de participation entre
l'étranger et le citoyen, et refuser le droit de vote comme
symbole d'une certaine solidarité et attention à la diversité
culturelle ? D'ailleurs les élites cosmopolites ne se sont
jamais battues pour ce *premier geste de solidarité* et de respect d'autrui que serait l'élargissement du droit de vote...
Comment parler sans cesse d'ouverture sans voir qu'il faut
d'abord la réaliser chez soi ? On peut à la fois ouvrir les
conditions d'accueil civique et renforcer les conditions
d'accès à la citoyenneté française. Par exemple en demandant le maniement minimum de la langue, une connaissance
historique et institutionnelle, ainsi qu'un engagement un peu
solennel. Avec également l'invention d'une cérémonie d'accès à la citoyenneté française. Offrir un « contrat d'intégration » est une piste. Tout, en tout cas, ce qui permet de tra-
duire le désir d'accueillir et celui de préserver une certaine
identité française, si elle est plurielle.

L'ouverture des outre-mers sur leurs environnements est
importante pour créer des solidarités. C'est le sens de la création des trois commissions régionales par Michel Rocard : la
Commission des États du Pacifique, l'Association des États
de la Caraïbe, la Commission de l'océan Indien. À ce travail
s'ajoutent des liens avec l'Europe qui, au travers des régions
ultrapériphériques (RUP) pour les DOM, et des pays et territoires d'outre-mer (PTOM) pour les TOM, offrent l'occasion
d'un autre élargissement. Un troisième lien avec l'Europe se
fait avec les pays de l'ACP, c'est-à-dire les anciennes colonies européennes de l'Asie, de la Caraïbe et du Pacifique, au
travers des accords de Yaoundé, de Lomé et de Cotonou.

Pourquoi évoquer ces trois grands types de regroupements ? Pour montrer que sont déjà à l'œuvre les *conditions*
d'une réflexion sur la diversité culturelle et d'une réelle
coopération économique et scientifique. Ces chantiers balbu-
tiants, importants et peu connus, peuvent prendre encore plus
d'ampleur, notamment en mobilisant davantage les jeunes.
L'université de masse, qui a du mal à trouver sa place, peut
ici jouer un rôle très positif : prévoir les échanges d'enseignants et d'étudiants, favoriser les contacts physiques,
jouer la présence des hommes en complément d'Internet et

des systèmes d'information, multiplier les bourses d'étudiants et les résidences universitaires, faire réellement de
Paris une plaque tournante étudiante de cette diversité culturelle, avec de vraies capacités d'accueil, à la mesure de
l'enjeu culturel et politique de la mondialisation ; et encore
envoyer systématiquement des étudiants métropolitains outre-
mer pour créer d'authentiques liens, et faire un « Erasmus » à
la hauteur du cercle le plus large, celui de la francophonie.
Créé en 1987, Erasmus, *à l'intérieur* de l'Europe, a mobilisé
un million d'étudiants. On imagine ce que cela pourrait
donner à l'échelle des trois zones de l'outre-mer, de la
coopération et de la francophonie. On pourrait aussi retrouver
un système équivalent des volontaires à l'assistance technique (VAT) d'autrefois, qui permettait à des jeunes de faire
leur service militaire à l'étranger. Il faut aussi, pour engager
cette bataille de la connaissance multiculturelle, décoloniser
la francophonie trop marquée par le style français, valoriser
le rôle des pays qui, comme le Québec, ont réussi à préserver
une présence francophone, multiplier les émissions de télévision, telles celles de Bernard Pivot, qui invitent à découvrir
toutes les planètes de la francophonie, assurer plus facilement le retour sur place des élites formées à Paris, ouvrir
davantage les universités ultra-marines aux sciences sociales.

Curieusement, la diversité culturelle est la grande force de
l'outre-mer, alors que les sciences sociales y sont nettement
sous-développées par rapport aux sciences de la vie, de la
matière ou de la nature. Les outre-mers, la coopération et la
francophonie couvrent toutes les destinations du monde, tous
les continents, toutes les cultures, toutes les civilisations. La
diversité des modèles culturels y est pourtant largement
méconnue. Il y a là, pour la recherche et les universités, des
conditions exceptionnelles de coopération et d'échanges, car
il y a les hommes, la solidarité des langues, les cultures et
l'histoire comme liens fondamentaux. La recherche publique
pourrait être beaucoup plus activée car il y a *à la fois* la
richesse de la nature, de la matière et des sociétés.

Il faudrait aussi songer à revoir les manuels scolaires dans
le sens d'une vision moins nationale de l'histoire, plus
ouverte à la diversité culturelle des trois cercles de l'identité
francophone.

L'Unesco fait déjà dans ce domaine un réel travail qui n'est pas assez pris en compte. Il faut aussi accentuer et améliorer la formation des maîtres sur place, pour accroître la formation des élites locales, favoriser les langues régionales et croiser les expériences avec la métropole. Les jeunes doivent *aussi* pouvoir beaucoup se déplacer. La jeunesse est le moment de la plus grande ouverture au monde et au brassage des idées, l'école est le lieu physique de toutes les rencontres et de tous les apprentissages. Il faudrait du reste valoriser les auteurs de l'outre-mer et de la francophonie, tant dans les manuels scolaires que dans l'espace public français, au théâtre ou à la télévision. L'ouverture que l'on trouve dans le domaine *musical* n'existe pas dans les autres arts. Enfin, pour sortir du piège identitaire, les *médias* peuvent jouer un rôle essentiel.

L'idée générale est d'utiliser toutes les possibilités techniques existant pour réduire le décalage Nord-Sud dans le domaine de l'information et de la culture. Il ne faut pas privilégier tel secteur et tel support ; il faut *tout faire* en parallèle : développer les anciens et les nouveaux médias, la diffusion des livres et des films, des journaux et des revues ; mobiliser la jeunesse et toutes les classes sociales.

Le service public de l'audiovisuel est une garantie soit contre l'invasion des images étrangères, soit contre les tentations – qui seront de plus en plus nombreuses – de médias locaux créés par des collectivités ou par des sociétés capitalistes, d'accentuer la dérive commerciale ou un nationalisme local.

Préserver par ailleurs un certain *pluralisme médiatique* est un objectif central. Il faut à la fois s'ouvrir sur l'extérieur, respecter les identités culturelles et rester attentif aux mutations extrêmement rapides de ces sociétés. Culturellement, démographiquement, socialement, tout va très vite. La tradition est bousculée, la modernité exacerbée, le tout contribuant à la perte des repères. Les radios et les télévisions, directement liées à ces collectivités, jouent un rôle considérable d'identité relationnelle. Mais la métropole ne se donne pas assez les moyens d'une vision mondiale de la communication. RFI, RFO et TV5 devraient être beaucoup plus présents en métropole, et les grands médias nationaux devraient couvrir beaucoup mieux ces trois zones, de l'outre-mer, de la coopération et de la francophonie. Pour l'instant, l'ouverture mondiale est trop limitée, en dépit du rôle essentiel de l'AFP. Les journaux télévisés des grandes chaînes, repris par TV5, sont beaucoup trop hexagonaux. Et la coopération entre France-Télévision, RFO, RFI et TV5 est insuffisante. En réalité, la France dispose d'un réseau de communication mondial qui vaut beaucoup mieux que l'émiettement institutionnel actuel. Celui-ci est le résultat de l'histoire, mais il n'est pas à la hauteur des défis de la cohabitation culturelle.

Créer de nouveaux liens

L'*outre-mer* avec ses zones régionales, la *coopération*, l'*Europe* avec l'ensemble RUP, PTOM et ACP et, traversant ces trois zones, la *francophonie* : tout cet ensemble devrait permettre de sortir d'un faux face-à-face centre-périphérie. Il devrait être capable de créer un *réseau* humain et de solidarité qui puisse, à sa manière, regrouper les peuples et les cultures francophones. Un réseau, parmi d'autres, animant un projet de la diversité culturelle.

Ce réseau repose sur *deux conditions* : d'une part un minimum de *confiance mutuelle*, ce qui est toujours difficile dans les relations, qui plus est quand c'est avec l'ancienne puissance tutélaire ; d'autre part une *bonne desserte aérienne*, élément essentiel, mais largement sous-évalué. Sinon, le sentiment dominant est celui d'une *néo-colonisation*. La liberté de circulation est la première des libertés, surtout lorsque les territoires sont éloignés. On ne le dit jamais assez : l'entrave à la liberté de voyager aujourd'hui du fait des coûts élevés, surtout pour des territoires liés à des métropoles lointaines, est perçue comme un facteur de domination culturelle. D'autant que les progrès des techniques de communication font apparaître encore plus le décalage entre la difficulté de voyager physiquement et la facilité d'échanger des messages. Plus on communique, plus on a envie de se rencontrer, et moins on supporte cette entrave à la première des libertés, la liberté de circulation.

La crise du transport aérien international, depuis le 11 septembre 2001, renforce les inégalités et la persistance de tarifs élevés entre Paris, l'outre-mer, la coopération et une partie de la francophonie. Faire vivre ces trois zones, c'est d'abord y assurer de bonnes conditions de transport, à des prix tels que les échanges puissent se *banaliser*. Il y a une contradiction entre la logique économique du transport aérien, des *low cost* à destination des pays riches, et des tarifs élevés pour les pays plus pauvres. On est là au cœur des enjeux de l'«autre» mondialisation : la contradiction entre la logique économique et la logique culturelle.

En réalité, construire des liens entre plusieurs identités ne signifie pas abandonner l'identité française dont nous avons dit que son acquisition devrait faire l'objet d'une cérémonie solennelle. Cela signifie, aussi, un décloisonnement du fonctionnement de l'État, qui continue d'être découpé en départements ministériels, comme si la mondialisation n'était toujours pas passée par là. Il faudrait au moins par exemple plus de coopération entre le Quai d'Orsay et le ministère de l'Outre-mer, qui s'ignorent ! Sans parler des ministères de l'Économie, de la Culture, de l'Éducation. Et la liste de tous les *liens* qui n'existent pas peut être prolongée... Il existe pourtant des compétences culturelles remarquables qui ne sont pas assez utilisées au Quai d'Orsay ou à l'Outre-mer par exemple, et beaucoup de capacités d'expertise et d'érudition largement ignorées par le monde politique et par celui des élites. En même temps, l'État ne fait pas d'effort de formation intellectuelle et culturelle suffisant pour ses agents qui partent travailler hors métropole. Il y a à la fois une compétence culturelle et une mémoire insuffisamment mobilisées, *et* pas assez de formation historique, anthropologique et politique pour comprendre les enjeux de la diversité culturelle des outre-mers, de la coopération et de la francophonie. Le «gâchis» va même plus loin : les contacts entre les diplomates du Quai d'Orsay et les préfets d'outre-mer, même quand ils cohabitent dans la même zone géographique, ne sont pas fréquents. Bref, la *coopération* au sein de l'État n'est pas un modèle de cohabitation culturelle.

L'enjeu de la francophonie ? Transcender au moins le découpage entre les trois autorités ministérielles du Quai d'Orsay, de la Coopération et de l'Outre-mer. C'est un peu comme si la France, par le découpage juridictionnel actuel, et le fonctionnement de l'État, était encore en 1960. On parle beaucoup de la réforme de l'État, mais jamais hélas de ce qui pourrait préparer à la cohabitation culturelle : tout est tourné vers l'économie, et la culture comme la communication sont ainsi réduites à la logique de l'économie. On retrouve ici le manque de culture des élites pour aborder les problèmes gigantesques posés par la mondialisation. Seul l'économisme ambiant, les stéréotypes et la bonne conscience moderniste empêchent de voir le rôle que peut jouer la France, et d'autres, dans la construction de cette troisième mondialisation. Celle de la cohabitation culturelle, condition de la paix et de la guerre au XXIe siècle.

Si l'on veut *résumer* les conditions nécessaires à l'instauration de la cohabitation culturelle avec les trois cercles de l'outre-mer, des anciennes colonies et de la francophonie, on peut dire qu'elles sont au nombre de cinq.

Premièrement, sortir du cercle infernal culpabilité-réparation. L'ancien colonisateur n'est pas éternellement coupable et les peuples colonisés ne sont pas fondés à reproduire sans fin une logique de réparation.

Deuxièmement, il n'y a pas de cohabitation possible sans acceptation de droits et de devoirs mutuels, et sans acceptation du cadre républicain commun. Accepter ou non d'être lié à la République, à la France et à l'Europe est la condition de tout échange authentique futur.

Troisièmement, sortir de la logique de la décolonisation. À la fois par rapport au contentieux infiniment répété, précédemment évoqué, et aussi pour réexaminer l'idée d'indépendance. L'expérience prouve que, pour des petites collectivités, une indépendance politique sans indépendance économique est beaucoup plus dangereuse que bénéfique. En revanche, préserver l'identité culturelle apparaît comme un enjeu beaucoup plus important que celui de l'indépendance politique, et passe souvent par l'instauration d'un statut d'autonomie.

Quatrièmement, pas d'autonomie sans une capacité de développement économique autonome, ce qui suppose notamment de nouer des relations avec les pays limitrophes et de ne pas rester dans des économies de consommation.

Cinquièmement pas de développement authentique sans un réexamen des stéréotypes. Les Blancs ne sont pas plus rationnels ou plus développés que les autres ; à l'inverse ce n'est pas parce qu'on est noir ou métis que l'on a systématiquement raison ou tort. Se rapprocher, c'est d'abord réexaminer tous les mots, tous les schémas qui ont permis pendant si longtemps de ne pas échanger entre communautés, de se tenir à distance et de se méfier les uns les autres. C'est sans doute cette condition qui est la plus importante pour l'avenir.

Indications bibliographiques

Abenon, I.-R., *Petite Histoire de la Guadeloupe*, L'Harmattan, 1992.

Agniel, G. et Pimont, Y., *Le Pacifique*, PUF, « Que sais-je ? », 1997.

Albert, C., *Francophonie et identités culturelles*, Karthala, 1999.

Al Wardi, J., *Tahiti et la France. Le partage du pouvoir*, L'Harmattan, 1998.

Antilles, *Espoirs et déchirements de l'âme créole*, Autrement, 1984.

Atlas des guerres. Les guerres des empires britanique, français, ottoman, russe, Autrement, 2002.

Audrerie, D., *Protection du patrimoine culturel dans les pays francophones*, Estem et Agence universitaire de la francophonie, 2000.

Barbançon, L.-J., *Le Pays du non-dit. Regards sur la Nouvelle-Calédonie*, La Mothe-Achard, Presse Offset, 1992.

Baré, J.-F., *Tahiti, les temps et les pouvoirs. Pour une anthropologie historique du Tahiti-post-européen*, Orstom, 1987.

Bastien, D. (éd.), *Antilles*, Autrement, 1999.

Belorgey, F. et Bertrand, G., *Les DOM-TOM*, La Découverte, 1994.

Bensa, A., *Nouvelle-Calédonie. Vers l'émancipation*, Gallimard, « Découvertes », 1998.

Bensa, A., *Ethnologie et architecture. Le Centre culturel Jean-Marie Tjibaou. Une réalisation de Renzo Piano*, éd. Adam Biro, 2000.

Bensa, A. et Leblic, I. (éds), *En pays Kanak*, éd. MSH, 2000.

Bernabé, J., *L'Identité guyanaise en question*, Ibis Rouge, Kourou, Presses universitaires créoles, 1997.

Blanchard, P. et Lemaire, S., *Culture coloniale. La France conquise par son empire, 1871-1931*, Autrement, 2003.

Bonnemaison, J., *L'Arbre et la pirogue*, Travaux et documents, n° 207, Orstom, 1987.

Bruné, P., *Mon Dieu, que vous êtes français. Essai sur la décolonisation par assimilation. Martinique, Guadeloupe, Guyane, Réunion*, France-Empire, 1996.

Burac, M. (dir.), *Guadeloupe, Martinique et Guyane dans le monde américain. Réalisations d'hier, mutations d'aujourd'hui, perspectives*, Karthala-Géode, 1994.

Calle, DDE, DRAC, *Espace public, espace de vie*, La Réunion, s.c., 2000.

Césari, J., *Musulmans et républicains, les jeunes, l'Islam et la France*, Complexes, 1998.

Chamoiseau, P., *Une enfance créole*, Gallimard, 1993.

Champion, B. (éd.), *L'Étranger intime. Mélanges offerts à Paul Ottino. Madagascar, Tahiti, Insulinde, Monde Swahili, Comores, Réunion*, Université de la Réunion, Océans éd., 1995.

Chaudenson, R., *Les Créoles français*, Nathan, 1979.

Chesneaux, J. et de Macmellan, N., *La France dans le Pacifique. De Bougainville à Mururoa*, La Découverte, 1992.

Collectif, *Être Caldoche aujourd'hui*, Nouméa, Île de Lumière, 1994.

Collectif, *Histoire de la France coloniale*, Armand Colin, 1990.

Colombani, J.-M., *Double Calédonie. D'une utopie à l'autre*, Denoël, 1999.

Combeau, Y., P., Fuma, S. et Maestri, S., *Histoire de la Réunion. De la colonie à la région*, Nathan-Sedes, 2001.

Commission consultative nationale des droits de l'homme, *La lutte contre le racisme et la xénophobie*, La Documentation française, 2002 (annuel).

Decker, P. de et Kuntz, L., *La Bataille de la coutume*, L'Harmattan, 1998.

Decker, P. de, *Le Peuplement du Pacifique et de la Nouvelle-Calédonie au XIXe siècle*, L'Harmattan, 1994.

Delbos, G., *L'Église catholique en Nouvelle-Calédonie*, Desclée de Brouwer, 1993.

Doumenge, F., *L'Homme dans le Pacifique Sud*, Société des océanistes, 1966.

Doumenge, J.-P., *L'Outre-mer français*, 1, Armand Colin, 2000.

Dumont, P. et Santodomingo, C., *Coexistence des langues dans l'espace francophone*, Agence universitaire de la francophonie, 2000.

Entretiens d'Oudinot, *Outre-mers, notre monde*, Autrement, 2002.

Ethnologie française, « Outre-mers : statuts, cultures, devenirs », n° 4, PUF, 2002.

Faberon, J.-Y. et Gautier, Y. (dir.), *Identité, nationalité, citoyenneté, outre-mer*, Cheam, 1999.

Faberon, J.-Y. (dir), *Identité, nationalité et citoyenneté dans les TOM*, La Documentation française, 1999.

Faberon, J.-Y. (dir.) et al., *La Loi d'orientation pour l'OM de décembre 2000*, Presses universitaires d'Aix-Marseille, 2001.

Fanon, F., *Peau noire, masques blancs*, 1952, rééd. « Folio ».

Ferro, M., *Histoire des colonisations, des conquêtes aux indépendances*, Seuil, 1994.

Fremeaux, J., *Les Empires coloniaux dans le processus de la mondialisation*, Maisonneuve et Larose, 2002.

Gayraud, J.-F. et Sénat, D., *Le Terrorisme*, PUF, « Que sais-je ? », 2002.

Gilles, B. et Toullelan, P.-Y., *De la conquête à l'exode*, 2 t., Papeete, Au vent des îles, 1999.

Gomane, J.-P., *Les Marins et l'outre-mer*, Denoël, 1988.

Gorode, D. et Kurtovitch, N., *Dire le vrai*, Nouméa, éd. Grain de Sable, 1999.

Guedon, J.-C., *Quelle francophonie pour le XXI*e *siècle ?*, Karthala, 1997.

Guiart, J., *La terre est le sang du monde. La confrontation entre Blancs et Noirs dans le Pacifique Sud français*, Anthropos, 1983.

Guiart, J., *Sociétés canaques. Idées fausses, idées vraies*, Nouméa, éd. Le Poche à la voile, 2002.

Hamelin, C. et Wittersheim, É. (dir.), *La Tradition et l'État. Églises, pouvoirs et politique culturelle dans le Pacifique*, L'Harmattan, 2001.

Haut Conseil à l'Intégration, *L'Intégration à la française*, 10-18, 1993.

Haut Conseil à l'Intégration, « Lutter contre les discriminations. Faire respecter le principe d'égalité », dans *Rapport au Premier ministre*, La Documentation française, 1998.

Hermès, Stéréotypes dans les relations Nord-Sud, éd. du CNRS, 2001.

Hermès, La France et les outre-mers, l'enjeu multiculturel, n° 32-33, éd. du CNRS, 2002.

Hodeir, C. et Pierre, M., *L'Exposition coloniale*, Bruxelles, Complexe, 1991.

Lafleur, J., *L'Assiégé. 25 ans d'une politique. Une histoire partagée avec la Nouvelle-Calédonie*, Plon, 2000.

Lara, O.-B., *De l'oubli à l'histoire. Espace et identité caraïbe : Guadeloupe, Guyane, Haïti, Martinique*, Maisonneuve et Larose, 1998.

Le Bourdiec, P. (dir.), *Géo-pacifique des espaces français*, Nouméa, UFP, 1994.

Lecourt, D. *et al.*, *Aux sources de la culture française*, La Découverte, 1997.

Leenhart, M., *Gens de la Grande Terre*, Gallimard, rééd. Nouméa, Le Lagon, 1986.

Le Moigne, G. et Lebon, A., *L'Immigration en France*, PUF, « Que sais-je ? », 2002.

Liauzu, C. et J., *Quand on chantait les colonies. Colonisation et culture populaire. De 1830 à nos jours*, éd. Syllepse, 2002.

Maestri, E., *Les Îles du sud-ouest de l'océan Indien et la France de 1815 à nos jours*, L'Harmattan, 1994.

Malau, A., Takasi, A. et Angleviel, F., *Wallis-et-Futuna*, Nouméa, Île de Lumière, 1999.

Mathieu, J.-L., *La Nouvelle-Calédonie*, PUF, « Que sais-je ? », 1995.

Mazellier, Ph., *De l'atome à l'autonomie*, Papeete, Hibiscus éd., 1979.

Ngoupandé, J.-P., *L'Afrique sans la France, histoire d'un divorce consommé*, Albin Michel, 2002.

Nicolas, A., *Histoire de la Martinique*, L'Harmattan, 1998.

Nicole, R.-M., *Noirs, cafres et créoles : études de la représentation du non-Blanc réunionnais*, L'Harmattan, 1996.

Organisation internationale francophone, *Francophonie, monde arabe, Un dialogue des cultures*, 2000.

Pimont, Y., *Les Territoires d'outre-mer*, PUF, « Que sais-je ? », 1994.

Ping, J., *Mondialisation, paix, démocratie et développement en Afrique*, L'Harmattan, 2002.

Plenel, E. et Rollet, A., *Mourir à Ouvéa*, La Découverte-Le Monde, 1988.

Poirine, B., *Tahiti. Stratégie pour l'après-nucléaire*, L'Harmattan, 1996.

Préville, G., *De l'empire français à la décolonisation*, Hachette, 1994.

Regnault, J.-M., *Des partis et des hommes en Polynésie française*, Papeete, éd. Hacre, 1995.

Regour, S., *L'Exception culturelle*, PUF, « Que sais-je ? », 2002.

Rigo, B., *Lieux-dits d'un malentendu culturel. Analyse anthropologique et différence du discours accidentel sur l'altérité polynésienne*, Tahiti, Au vent des îles, 1997.

Rosanvallon, P., *Le Peuple introuvable, Histoire de la représentation démocratique en France*, Gallimard, 1998.

Ruscio, A., *Que la France était belle au temps des colonies. Anthologie des chansons coloniales et exotiques françaises*, Maisonneuve et Larose.

Saura, B., *Politique et religion à Tahiti*, Tahiti, éd. Polymages-Scoop, 1993.

Senes, J., *La Vie en Nouvelle-Calédonie de 1850 à nos jours*, Hachette, 1985.

Scemla, J.-J., *Le Voyage en Polynésie. Anthologie des voyageurs occidentaux, de Cook à Segalen*, Laffont, « Bouquins », 1994.

Taobie, J., Meynier, G. *et al.*, *Histoire de la France coloniale*, Albin Michel, 1990.

Taffin, D. (dir.), *Du musée colonial aux musées des cultures du monde* (actes du colloque organisé par le musée national des Arts d'Afrique et d'Océanie et le centre Georges-Pompidou), Maisonneuve et Larose, 2000.

Tcherkezoff, S. et Douaire-Marsandon, F. (dir.), *Le Pacifique Sud contemporain. Identités et transformations culturelles*, éd. du CNRS, 1998.

Tjibaou, J.-M., *La Présence kanak*, édition établie et présentée par A. Bensa et E. Witterscheim, Odile Jacob, 1996.

Toussaint, A., *Histoire de l'océan Indien*, PUF, 1961.

Tribalat, M., *Faivre-France. Une grande enquête sur les immigrés et leurs enfants*, La Découverte, 1995.

Vergès, F., *Monsters and Revolutionnaries*, Duke University Press, 1999.

Vergès, F., *Abolir l'esclavage, une utopie coloniale*, Albin Michel, 2001.

Viet, V., *La France immigrée, construction d'une politique. 1914-1997*, Fayard, 1998.

Weil, P., *Qu'est-ce qu'un Français ? Histoire de la nationalité française de la Révolution à nos jours*, Grasset, 2002.

Chapitre 5

Et que fait l'Europe ?

L'Europe est la première expérience démocratique en temps réel de cohabitation culturelle. Comme souvent dans l'histoire, cette aventure se fait dans une demi-inconscience. La construction économique est tellement difficile, sans parler des périls dus à l'élargissement à de nouveaux États-membres, que tout ce qui concerne la culture est remis à plus tard.

C'est peut-être mieux ainsi car, si chacun sait qu'il a fallu énormément de facteurs culturels *communs* pour accomplir tant de chemin en cinquante ans, chacun sait aussi que les différences culturelles sont simultanément si profondes qu'il vaut mieux pour l'instant se contenter de rapprochements imparfaits. Même si l'élargissement de 15 à 25 pays avec 8 pays de l'Europe de l'Est (Lituanie, Lettonie, Estonie, Pologne, République tchèque, République slovaque, Slovénie, Hongrie), Chypre et Malte, en attendant la Bulgarie, la Roumanie et, c'est à souhaiter, la Turquie, relance la nécessité essentielle d'un tel débat.

La diversité culturelle est au *cœur* du projet européen. C'est ce qui lui donne sa grandeur et, s'il réussit, sa valeur d'exemple. En dehors de références religieuses communes, de l'adhésion à un certain modèle de rationalité et à la philosophie des Droits de l'homme, tout sépare les peuples européens. Des langues à l'histoire, en passant par les visions du monde, les différences sont considérables, et c'est le défi de ce projet que d'essayer, après un XXe siècle sanglant, de rapprocher et de faire coopérer ces peuples.

En tout cas, réfléchir à l'enjeu de la cohabitation culturelle au plan mondial, c'est immédiatement tomber sur le chantier de l'Europe : des hommes, au-delà de tout ce qui les sépare, peuvent-ils cohabiter en adhérant à un certain nombre de valeurs démocratiques et en respectant les identités culturelles des uns et des autres ? Si l'Europe réussit ce pari, malgré ou à cause d'une histoire particulièrement sanglante, c'est une leçon d'optimisme politique pour le reste du monde. À l'inverse, si le pari échoue, l'idée même de cohabitation culturelle sera difficilement crédible.

Cet enjeu gigantesque est une sorte de retour de l'histoire. L'Europe a conquis le monde du XVIᵉ au XIXᵉ siècle et l'a dominé pendant trois siècles, jusqu'à ce que les deux guerres mondiales inversent l'ordre des choses. C'est un peu comme si, après trois siècles de progrès scientifiques, techniques et humains, mais aussi d'exploitation, de destructions humaines, sociales et culturelles, l'Europe se trouvait à l'entrée d'une *nouvelle histoire*, pour organiser une *autre mondialisation* que celle des marchés, une mondialisation qui, en réalité, prenne à bras-le-corps les questions si violentes de la cohabitation culturelle. En sachant qu'il y a là un double écueil : la quête des droits de l'homme à laquelle l'Europe est si attachée ne doit pas faire oublier que l'histoire implique toujours un minimum d'irrationalité et d'invention. L'idéal démocratique risquerait à la fois de triompher, mais aussi de s'affaisser dans une sorte de *réification démocratique*. Le second écueil, finalement complémentaire du premier, est qu'à trop triompher la diversité culturelle pourrait conduire à des irrédentismes culturels, les droits culturels des uns ne s'accompagnant finalement d'aucun devoir à l'égard des autres : la *réification culturelle* comme stade suprême de la démocratie...

Il y a apparemment quelque chose de déplacé à craindre la victoire de la démocratie culturelle, quand, à l'échelle du monde, on voit le ravage des tyrannies et, au sein même de l'Europe, le spectacle des guerres de Yougoslavie et de Tchétchénie : il est clair que, pour le moment, l'Europe n'en est pas encore à l'instauration d'un État de droit pour tous. Et l'immigration clandestine comme la prostitution prouvent

aussi que le respect des Droits de l'homme est encore loin
d'être une valeur acceptée pour tous.

Mais le petit nombre de pays démocratiques existant au
monde n'interdit pas néanmoins de réfléchir aux contradictions de la démocratie, là où elle existe. Avec cet enjeu de la
cohabitation culturelle comme condition de la mondialisation, le XXIᵉ siècle relance en tout cas cette réflexion
théorique et politique. *Il faut à la fois défendre l'universalisme démocratique et respecter les diversités historiques.*
Construire l'Europe politique et culturelle après avoir
construit l'Europe économique est une première mondiale.
Aucune expérience historique ne s'est faite dans ces conditions.
La constitution des États-Unis qui est souvent, à tort, présentée comme similaire, s'est faite plus lentement, avec des
enjeux démographiques plus limités, et surtout de manière
plus violente. Si les États-Unis ont été une société démocratique, c'est en ayant d'abord éliminé ceux qui habitaient le
territoire, et en obligeant les immigrants à abandonner *toutes*
leurs identités culturelles et linguistiques pour devenir « américains ». Rien de comparable avec l'Europe. Il s'agit de
peuples et non d'individus, l'échelle est beaucoup plus vaste,
le rythme beaucoup plus rapide et surtout il y a cette condition que ce nouvel espace politique, économique et culturel
n'implique pas la fin des identités culturelles, mais au
contraire leur sauvegarde – et le tout démocratiquement et de
manière transparente, avec de vieux peuples cultivés et poli-
tisés…

Tout est donc original dans la question de la cohabitation
culturelle en Europe. *Mon hypothèse ?* Les « outre-mers » de
l'Europe sont une chance pour construire *sa propre* cohabitation culturelle. L'Europe, au travers de ses histoires coloniales, comme celle de la France, de la Grande-Bretagne, de
l'Espagne, du Portugal, des Pays-Bas…, a de très nombreuses
racines mondiales. Celles-ci peuvent devenir un *atout* pour la
cohabitation culturelle européenne.

C'est là un deuxième retour de l'histoire. L'Europe, sans
jamais avoir demandé à ces peuples leur accord, les a
dominés pendant des siècles. Il en résulte aussi une histoire
commune de solidarité qui, après la décolonisation, permet
d'amorcer une autre histoire.

Le détour par les outre-mers est le moyen d'aider l'Europe à penser sa propre cohabitation culturelle. La contrepartie de l'aide versée à ces territoires par l'Europe est évidement qu'ils aient avec elle une relation privilégiée. C'est ce qui se passe d'ailleurs, au travers des trois statuts de RUP (régions ultrapériphériques), PTOM (pays et territoires d'outre-mer) et ACP (pays d'Asie, Caraïbe, Pacifique), dans les relations de ces collectivités avec l'Union européenne.

Utopie ? Pas plus que le défi auquel le monde va être confronté, celui d'apprendre à cohabiter pacifiquement avec des sociétés, des cultures et des religions que tout sépare. *Bref, la diversité des outre-mers est une chance pour penser la diversité de l'Europe*. Le détour par les outre-mers est un raccourci pour expérimenter la cohabitation culturelle *au sein* de l'Europe. Les outre-mers s'abritent derrière l'Europe, en trouvant, par les accords de coopération, un moyen d'affronter la mondialisation, sa dérégulation et ses nouvelles inégalités. L'Europe apprend à respecter ses différences en les voyant dans les territoires ultramarins avec lesquels elle est liée.

Les outre-mers sont aussi une leçon de modestie pour l'Europe. Celle-ci est peut-être une grande puissance économique, mais elle doit rester prudente sur le plan du chantier culturel. C'est en quoi l'enjeu de la cohabitation culturelle est fondamentalement démocratique. Face à lui, il n'y a pas de « grandes » ou de « petites » cultures, il y a simplement des cultures toutes égales avec lesquelles il faut réussir à cohabiter, dans le respect mutuel.

L'épreuve du dialogue interculturel

Les pères fondateurs de l'Europe ont eu raison de ne pas commencer par la culture, mais par l'économie. Avec la culture, les Européens auraient continué de se battre, tandis que par l'économie ils se sont rapprochés. C'est finalement pour la liberté, pour Dieu, pour la démocratie, c'est-à-dire les valeurs, que les hommes sont prêts à mourir.

Avec l'Europe politique, on est au pied du mur, même si chacun – et c'est normal – repousse à plus tard l'épreuve du dialogue interculturel. *L'expérience de l'Europe est simple* : essayer de faire le plus grand nombre de choses en commun, sur le plan économique ou social, institutionnel et politique, en repoussant à plus tard l'épreuve du dialogue culturel. Certes, l'économie est un point de départ : on voit bien, par exemple, comment, avec la zone euro, se joue beaucoup plus qu'une simple unité monétaire. Pour les outre-mers, notamment, c'est un contrepoids précieux au libéralisme et un facteur de stabilité et d'identité relationnelle. Si l'on prend le cas de la France, le fait que l'euro est présent aux Antilles, dans l'océan Indien, et c'est à souhaiter demain dans le Pacifique, exprime non seulement un lien fort à la métropole mais aussi à l'Europe et à un certain modèle de mondialisation, qui va au-delà de la stricte économie. L'économie peut donc être vécue comme une étape vers cette « autre » mondialisation qu'il faudra mener à bien.

Les déséquilibres créés par la globalisation, accentués par la médiatisation, vont rendre visibles les défis culturels, donc politiques, et obliger aussi à poser la question de la cohabitation. C'est en quoi l'expérience européenne peut être utile à tous, et atteindre une certaine dimension de l'universel, même si tout cela se fait empiriquement et modestement. C'est la constitution d'une identité culturelle relationnelle qui est ici en jeu car *le projet même de l'Europe interdit l'identité-refuge*. Il ne s'agit pas de se replier sur soi, mais de coopérer avec les autres, et pas seulement avec les vingt-cinq pays de l'Union, mais aussi avec les frontières de l'Est et du Sud. Avec l'Europe, l'isolationnisme est difficile, ce qui est une situation assez différente des États-Unis, par exemple, qui peuvent toujours avoir la tentation du repli. L'Europe est condamnée à l'ouverture et à la relation en même temps qu'à l'obligation de respecter les identités culturelles, perceptibles d'emblée, notamment dans le fait qu'on ne parle pas la même langue. Les Européens ne réalisent pas que leur diversité linguistique est en réalité un atout formidable : le rappel à l'ordre quotidien qu'il faut faire des efforts pour se comprendre…

L'Europe est aussi la preuve, en grandeur nature, qu'il ne suffit pas d'informer pour convaincre. Non pas seulement à cause de la diversité linguistique, mais à cause du fait que les récepteurs sont têtus. On aura beau dire à ces peuples tout ce qu'on veut, ils n'accepteront que ce qu'eux-mêmes voudront, ce qui rappelle, si besoin est, la complète autonomie du récepteur dans la communication.

Le premier travail culturel à faire est donc d'admettre, du point de vue de la diversité culturelle, qu'il n'y a aucun rapport direct entre le volume d'information sur l'Europe et l'adhésion à l'Europe. Il n'y a pas de continuité, en Europe, entre l'espace commun, l'espace public et l'espace politique. L'Europe économique a créé un *espace commun* ; l'Europe politique technocratique a créé un *espace politique* pour quelques milliers de personnes. Le passage à l'Europe démocratique suppose l'existence d'un *espace public* où s'expriment et se débattent contradictoirement les arguments liés au combat politique commun. Nous n'en sommes pas là, non seulement du fait des langues, mais aussi de l'absence de références communément partagées.

L'Europe politique suppose la lente mise en place d'un espace public qui permette d'aborder les questions de cohabitation culturelle. Les *opinions publiques* vont devenir de plus en plus importantes, mais cela ne signifie pas pour autant qu'un espace public commun émerge. En revanche, cela n'empêche pas l'existence de quinze espaces publics – et demain beaucoup plus –, avec leur histoire, leurs idéologies, leurs traditions qui ne sont absolument pas réductibles à ce qu'en disent les instituts de sondage.

Rien de plus suspect que cette industrie des sondages qui prospère au plan européen en supposant réglés les problèmes de cohabitation culturelle, tels les rapports entre religions, traditions, sociétés et choix politiques. Les différents « baromètres » de l'opinion publique utilisés depuis de nombreuses années par les technocrates européens ne servent pas à grand-chose sinon à les rassurer et à leur donner l'illusion que les peuples sont en phase avec eux. S'il est un domaine où l'on voit l'absence de prise en compte de la diversité culturelle au sein de l'Europe, c'est bien dans cette absence d'interrogation sur les *différences* de structuration des opinions publiques. Tout est rabattu du côté des sondages, comme dans les espaces publics nationaux. Mais là, les citoyens et les acteurs disposent de codes culturels communs

pour compléter ou contredire les sondages. Au plan européen, il n'existe *aucun* élément commun qui permette de
croire que la même question sera comprise de la même
manière, et que les visions du monde se rejoignent. Si l'on se
contente de ces baromètres, on fera l'expérience d'une *néoréalité* qui volera en éclat au premier accroc. Réfléchir sur
l'opinion publique européenne demande beaucoup d'efforts
théoriques, qu'il faudra faire de toute façon, du côté des imaginaires, des représentations, des stéréotypes, des logiques
d'argumentation...

Pour ce faire, l'Europe doit avoir une vision *plus large et
plus dynamique* de la culture, et qui intègre les patrimoines et
les traditions, mais aussi tous les éléments dynamiques de la
modernité. Une conception qui, en tout cas, se distingue de la
représentation qu'en donnent les industries culturelles européennes.

En fait, la diversité culturelle européenne, difficile à appréhender, englobe ce que l'on distingue en général dans toute
définition de la culture, c'est-à-dire trois cercles de plus en
plus larges : la culture *patrimoniale* au sens français – ce qui
est considéré comme culturel ; les *modes de vie* dans la
conception plus britannique ; l'idée de *civilisation* dans la
référence allemande. Dans la mesure où la diversité culturelle emprunte à ces trois registres, on est obligé de prendre
« un grand angle ».

De la même façon, l'élargissement de l'Europe obligera à
beaucoup plus prendre en compte l'islam et l'orthodoxie qui
façonnent la culture, la société et la politique de nombreux
pays. Le monde slave et le monde musulman ne sont pas seulement des voisins proches, ils sont partie prenante de
l'Europe, ce qui élargit considérablement la perspective par
rapport à l'axe de la ligue hanséatique qui fut le pivot de la
première construction européenne.

Les risques de l'eurocratie

La difficulté de la cohabitation culturelle ne vient pas seulement de l'élargissement de la culture, elle tient aussi au fait
que les populations européennes à haut niveau de revenus et

d'éducation vont de moins en moins supporter l'*eurocratie*. Les technocrates européens, qui sont certains d'apporter « le progrès », même et y compris contre les peuples « conservateurs » et frileux, ne réalisent pas la puissance du rejet dont ils sont l'objet. Comme pour le moment il n'y a pas « communication » sur ce sujet d'un pays à l'autre, ils ne voient pas venir le danger. Mais attention aux jacqueries antitechnocratiques quand elles commenceront ! D'autant que les eurocrates ne pourront pas traiter l'ensemble des Européens comme les agriculteurs, les paysans, les pêcheurs, les sidérurgistes... Ni croire qu'avec un peu plus de communication, d'interactivités, de réseaux et de notes électroniques, les Européens adhéreront plus à l'Europe. En matière de communication politique, les hommes politiques européens en sont restés au modèle le plus éculé : croire qu'il suffit de parler de l'Europe pour qu'elle advienne vraiment dans l'esprit des citoyens, c'est le bon vieux modèle de l'oie qu'on gave...

La posture technocratique risque d'être critiquée en trois temps : d'abord par un fort mouvement *antitechnocratique*, ensuite par une résurgence du schéma *populiste*, enfin par un vrai *mouvement anti-européen* qui n'a jamais existé réellement.

C'est le « style techno », avec cette assurance que donnent les costumes gris et les voitures de fonction qui est en cause, et plus encore cette prétention à être compétent sur tout. Si le style technocratique est à peu près supporté dans les États-nations, c'est qu'il y a, par ailleurs, d'autres codes sociaux et culturels qui le relativisent. En Europe, il n'y a rien pour le moment qui permette cette mise à distance. Ce style devient alors la seule culture commune. Comment imaginer qu'il pourra rester plus longtemps incontesté ? Cette manière de se situer, de parler, d'argumenter sera très certainement remise en cause. La diversité culturelle, l'immensité des enjeux et des paris, les risques accrus de l'incommunication ne peuvent absolument pas se résumer dans ce style technocratique, copié des États-nations, peut-être adapté à l'Europe technocratique, mais inadapté au pari de l'Europe politique.

La mondialisation de l'information, qui plus est, renforce le rejet de ce style : du FMI à la Banque mondiale en passant par les G8 et Bruxelles, *ils ont tous le même style*, la même manière de laisser croire que tout est maîtrisé, alors que rien ne l'est. La montée en puissance des classes moyennes se traduit par un esprit critique beaucoup plus aigu qu'il y a trente ans. D'où vient alors que ces eurocrates parlent avec autant d'assurance, alors que tout le monde a vu, au sein des États-nations, comment ils se sont souvent trompés ? Ils ne voient rien venir de l'histoire et disqualifient trop facilement ceux qui ne sont pas dans la norme. Mais avec le passage à l'Europe démocratique, c'est-à-dire à celle du suffrage universel, personne ne détient plus, *a priori*, le sens de l'histoire. Le paradoxe est que nombre de ces technocrates sont de vrais militants de la cause européenne, mais l'Europe n'a pas su, pour le moment, inventer de style qui les distingue des élites nationales.

La tentation populiste

Rien d'étonnant, dans ce contexte, que monte en Europe une méfiance de moins en moins dissimulée envers les directives de Bruxelles, vécues comme autant d'ordres arbitraires. Rien d'étonnant, partant, à ce qu'émerge un populisme sans complexe, qu'on ne sait pas toujours analyser.

Le populisme, en effet, est actuellement le point aveugle de l'Europe. Pourtant, dans onze pays sur quinze, les partis ou mouvements populistes ont une influence et parfois une représentation politique forte. Mais le populisme, parce qu'il brouille les cartes gauche-droite, reste impensé et confondu, de manière caricaturale, avec la pensée de l'extrême droite. Cela « rassure », en effet, d'identifier le populisme à l'extrême droite car la réflexion politique contre le fascisme existe, tandis qu'elle est beaucoup plus faible face au populisme.

La première chose à faire est d'arrêter de disqualifier le populisme, surtout en Europe où il surgit dans des pays à fort niveau de culture et de politisation. Le populisme émerge de toute façon dans des contextes historiques et politiques très différents – des tendances bonapartistes dans la France de la fin du XIXᵉ siècle aux mouvements populistes de « gauche », plus récemment, en passant par l'Amérique latine et le Moyen-Orient... Il ne peut être réduit à une seule logique. Il prend de multiples formes, réclame une cartographie honnête, ne surgit jamais de rien et constitue un modèle politique fort compliqué, bien éloigné des quelques stéréotypes où il est cantonné.

La disqualification dont il est l'objet est profondément désobligeante pour les citoyens, comme si ceux-ci pensaient « mal », comme s'ils n'étaient pas lucides sur leur choix. Pourquoi l'électorat populiste serait-il plus immature, plus réactionnaire et plus manipulé que l'électorat classique de la gauche et de la droite ? En réalité, *l'absence de réflexion sur le populisme est le symptôme d'une absence de réflexion de l'Europe sur elle-même* et sur l'importance des données culturelles permettant de comprendre les dérapages politiques inattendus.

Il faut d'abord éviter les amalgames : populisme n'est pas synonyme d'extrême droite ni de nationalisme, ni même forcément d'identité culturelle-refuge, même s'il y a des éléments de tout cela. Il ne faut pas y voir un *excès* d'identité, mais souvent une réaction contre le fait que l'identité, culturelle ou nationale, *n'est pas assez prise en compte*. Aujourd'hui, dans le discours politique de l'Europe, il n'est question que du « dépassement » des nations, de la globalisation et du triomphe de la pensée moderniste-technocratique, anti-identitaire. Le populisme est notamment l'une des formes d'affirmation de l'identité culturelle ou nationale, quand celle-ci n'est pas assez entendue. S'il est souvent une pensée hostile à l'État, il est aussi un refus de l'État organisé sur une base ethnique, tentation qui a souvent existé dans l'histoire. Il est certes une recherche de l'identité, mais il intègre *toujours* d'autres valeurs économiques et sociales pour éviter de trouver, dans l'ethnicité, la solution à ces revendications.

La guerre de Yougoslavie a fort bien montré les impasses d'une base identitaire ethnique. Le populisme n'est pas synonyme d'exclusion ethnique justement parce qu'il vise à *réunir* des groupes socioculturels, par-delà tout ce qui les sépare. Il est dans le rassemblement, non dans l'exclusion. Le populisme relance à sa manière une réflexion sur identité

et intégration, et sur les différents modèles politiques nationaux qui, en Europe, vont du communautarisme éclairé à
l'universalisme adapté.

Enfin, autre idée fausse, il n'est pas lié directement aux
milieux défavorisés, voire populaires, qui auraient perdu
leurs points de repère. Il exprime notamment le refus des
milieux souvent proches des classes moyennes qui ne sup-
portent plus le chantage à la modernité, ni le discours naturellement légitime de ceux « d'en haut ». D'ailleurs, il faut
faire aujourd'hui un pari plus audacieux sur le rôle que peuvent jouer les *classes moyennes*. L'émergence de celles-ci est
tout de même l'un des grands progrès du XXe siècle, qui ne se
mesure pas seulement en critère économique et social, mais
aussi en niveau de connaissance et de culture. Les classes
moyennes sont celles qui ont les moyens culturels et la sensibilité pour aborder la question de la diversité. Et la partie du
monde où ces classes moyennes sont à la fois les plus nombreuses et les mieux établies est bien l'Europe. Redisons-le :
les *classes moyennes sont le symbole de la démocratie de
masse*. Dans l'histoire de la politique, et malgré l'indifférence des élites, plus attentionnées à la défense de leurs
intérêts qu'à l'élargissement de la démocratie, la démocratie
de masse est un *immense* progrès. Valoriser les classes
moyennes, c'est un moyen d'échapper à la tentation populiste qui est une autre manière de résoudre la question de la
cohabitation culturelle.

Le populisme est souvent une réaction antitechnocratique
qui exprime aussi l'importance croissante du couple identité
culturelle-identité politique. Son surgissement simultané dans
des pays *différents* – quoique à des degrés variés selon les
pays : de 4 % en République tchèque à 27 % en Slovaquie et
en Autriche et 28 % en Roumanie, en passant par les 17 % de
la France et des Pays-Bas – devrait *intriguer* et susciter une
réflexion sur l'importance des griefs culturels dans le choix
politique. Mais il ne faut pas faire d'amalgame : si le FN en
France et le FPÖ en Autriche ont des liens assez directs avec
l'extrême droite, ce n'est pas le cas pour la Ligue du Nord en
Italie, le parti populaire au Portugal, le parti national en
Grande-Bretagne ou le parti du peuple au Danemark. Il est
vrai qu'on remarque souvent des points communs : person-

nalisation des leaders, mélange de critères politiques et culturels, radicalisme verbal, refus des intermédiaires, appel au peuple, vision dichotomique du monde, refus de l'immigration, refus de la fiscalité, méfiance à l'égard de l'État...

Dans tous les cas, le populisme rappelle toujours qu'il faut garder une extrême vigilance quand s'esquisse un *décrochage* par rapport au discours politique traditionnel. Le vote populiste représente souvent le premier pas franchi à l'égard des critères « orthodoxes » de la vie politique. Une fois cette barrière passée, rien ne dit que l'individu s'arrêtera là. Il a fait le plus dur : rompre avec l'ordre légal et convenu. Cette opposition peut ensuite aller crescendo. Il y a au départ la réaction *antitechnocrate*, puis une opposition non tant au modernisme qu'à l'idéologie moderniste, enfin un lien possible avec des mouvements clairement *anti-européens*, parfois *antimondialistes*, quand le libéralisme européen est fustigé comme un simple néocapitalisme. Une chose est certaine : le populisme est un courant original, puissant. Penser l'éliminer est un leurre, car il est une des réactions à une mondialisation sans idéal. On ne peut lui opposer le cosmopolitisme des belles âmes ni la disqualification des modernistes. Le populisme est un véritable enjeu politique pour l'Europe. La pire des choses serait qu'il ne soit pas pris au sérieux... Il pourrait alors devenir l'antichambre d'un mouvement anti-européen, qui n'a finalement jamais existé, et n'aurait rien à voir avec les réticences observées jusqu'alors à l'égard de la construction européenne.

Les racines mondiales de l'Europe

On retrouve en Europe ce que l'on a constaté en France : l'inexistence d'une politique de l'outre-mer, y compris chez les anciennes puissances coloniales : la Grande-Bretagne, la Belgique, le Portugal, l'Espagne... Or, si elle faisait le détour par ses racines mondiales, l'Europe se donnerait un moyen supplémentaire pour aborder *sa propre* cohabitation culturelle. Il pourrait ainsi y avoir un retour de l'histoire dans la valorisation, après trois siècles de domination de l'Europe, de ces sociétés d'outre-mer, qu'elles soient autonomes ou indépendantes.

Actuellement, les « outre-mers » de l'Europe regroupent les RUP, c'est-à-dire les quatre DOM français (Martinique, Guadeloupe, Guyane, Réunion), les Açores, Madère, les Canaries, soit près de deux millions d'habitants ; les PTOM, au nombre de vingt, dont onze britanniques, six français, deux des Pays-Bas et un danois, soit 2 millions d'habitants ; les pays ACP qui sont les anciennes colonies. Conformément à l'article 292 § 2 du traité d'Amsterdam, ces territoires accèdent à un certain nombre de fonds structurels et de programmes spécifiques (Poseidon, Poseima...) qui établissent des liens privilégiés, notamment sur le plan économique et financier. Cependant les bénéficiaires reprochent souvent à Bruxelles, à juste titre, un comportement condescendant et ce style technocratique dont nous avons parlé. Ils ont le sentiment que l'Europe riche leur fait l'aumône, oubliant un peu vite l'histoire, et ce qu'elle leur doit...

En outre, le décalage entre la puissance de l'Europe et l'émiettement de ces collectivités, sur de petits territoires répartis sur toute la surface de la planète, est un autre argument en faveur de cette problématique de la cohabitation culturelle à construire. *L'intérêt de ces collectivités n'est pas seulement d'ordre économique, mais culturel.* Elles illustrent cette réalité, indépassable pour l'avenir : en matière de diversité culturelle, il n'y a pas de petites identités culturelles. *Toutes les identités sont importantes.* Cette cinquantaine de collectivités éparpillées dans le monde ne sont pas les « bonnes œuvres » de l'Europe, mais exactement l'inverse : une chance donnée à l'autorité de tutelle d'hier. Stupéfiant retournement de l'histoire.

Cette problématique pourrait être étendue aux autres grandes régions économiques – Asean, Alena, Mercosur, Zlea – afin que, à chaque fois, la problématique sociale et culturelle vienne pondérer la seule logique économique.

Ce retour de l'histoire est une légitimation du rôle des outre-mers, et il introduit ce parfum d'égalité, en tout cas de moindre inégalité, nécessaire à la construction de l'autre mondialisation. Pour ce faire, l'Europe doit compter sur ses *trois racines* mondiales : les « outre-mers », avec lesquels existent les statuts précités, les aires culturelles (anglo-phonie, francophonie, lusophonie...) et les grands accords régionaux. Cette coopération à trois étages est, si l'on y songe, formidablement ambitieuse. Mais quand on parle de cette question à Bruxelles, la plupart des responsables estiment qu'il s'agit de quelque chose de secondaire. *La politique d'outre-mer, c'est un peu « le fond du couloir ».* On retrouve ici toute la mauvaise conscience liée à la déco-lonisation, la superbe technocratique et l'absence d'ouverture culturelle pour ces régions qualifiées de manière emblé-matique de « régions ultrapériphériques ». Tout est dit : l'Europe est le centre, et il y a des périphéries, voire des ultra-périphéries... Et celui qui se pense au centre est rarement le plus modeste.

L'Europe n'est ni fière ni attentive à l'égard de ses collec-tivités à qui elle doit beaucoup, et qui lui ont tant donné sur le plan économique, humain, culturel et militaire. Elle main-tient une logique économique qui hier lui fut favorable, au lieu de la compléter par des références sociales, politiques et culturelles qui permettraient une approche beaucoup plus équilibrée. L'Europe se comporte trop à l'égard de ses outre-mers comme une sorte de FMI ou de Banque mondiale.

La logique quantitative devrait laisser place à une logique qualitative. Si l'Europe ne parvient pas à revaloriser son rap-port aux « outre-mers », cela veut dire aussi que les liens tissés par l'histoire n'ont plus de pertinence, que l'identité régionale n'a pas de sens et que le principe d'une commu-nauté internationale, avec une pluralité de liens institution-nels, économiques et culturels, n'est pas admis.

Le rapport de l'Europe aux « outre-mers » a par ailleurs deux intérêts : éviter que des petits territoires, rivés à leur ère géographique n'aient de liens qu'*entre eux*, au détriment de l'ouverture à l'Europe ; valoriser un certain message univer-saliste, en commençant par reconnaître les dettes que l'Europe a envers une histoire mondiale où justement n'ont pas toujours dominé ces valeurs humanistes...

Occidentalisme et universalisme

Dans les années 50, la naissance de l'ONU a été le grand moment de renaissance de l'universalisme, après la barbarie des deux guerres mondiales. Les hommes devaient réagir face à la mondialisation du mal qui avait si bien réussi entre 1930 et 1945, et seule la volonté de réinscrire l'idéal de l'humanité au sommet des valeurs occidentales pouvait fonder un nouvel espoir en l'homme. On ne dira jamais assez comment ces quelques textes des années 45, écrits à la hâte, dans la douleur et l'hébétude face à la violence dont les hommes avaient été les acteurs et les témoins, ont été un moyen décisif pour essayer de ré-humaniser l'humanité.

Mais l'Occident n'a pas été, loin s'en faut, fidèle à ses valeurs, et pas seulement à cause du conflit Est-Ouest, lequel a souvent eu bon dos pour justifier des pratiques économiques, militaires, diplomatiques et politiques sans rapport avec les valeurs proclamées. Cette tromperie n'a pas seulement eu lieu avec les colonies, elle a aussi concerné tous ceux qui n'avaient pas les moyens de s'opposer à une certaine division du travail et du capital. Si les exactions du communisme ont permis – à juste titre – au capitalisme de défendre ses valeurs, cela ne peut faire oublier comment ce capitalisme, lui-même bien peu regardant sur les Droits de l'homme, a mille fois trahi les valeurs dont il se voulait porteur.

C'est pourquoi le reste du monde n'a qu'une confiance *limitée* dans l'universalisme prôné par l'Occident. À cela s'ajoute le fait que la disparition du communisme empêche l'Occident de justifier ses dérapages par les nécessités de l'histoire.

À cet élargissement des thèmes de conflit, où culture, idéologie, intérêts économiques, fondamentalisme religieux, stratégies militaires s'entremêlent de manière douteuse, s'ajoute l'impact de la mondialisation de l'information. Elle dévoile encore plus vite les manquements de l'Occident par rapport à ses propres idéaux. Le Sud, en tout cas, qui n'est pas lui-même fidèle à ses valeurs, trouve là un prétexte pour contester l'alliance « naturelle » de l'Occident avec l'universalisme.

Pour beaucoup, l'universalisme n'est qu'un occidenta-
lisme, c'est-à-dire une défense habile des seuls intérêts de
l'Occident. Et cette réduction de l'un à l'autre est d'autant plus
préjudiciable que nombre de régimes dictatoriaux, terroristes
ou fondamentalistes, se servent des dérapages de l'Occident
pour invalider davantage le bien-fondé des valeurs universalistes. C'est alors que le *relativisme historique* s'impose
comme moyen de contester *toute* référence à une norme supérieure. L'enjeu auquel est confronté l'Occident devient alors
le suivant : comment préserver la référence à un certain
principe universaliste au-delà du nécessaire relativisme
historique ?

Tout simplement en assumant les deux. L'Occident doit
d'abord assumer son relativisme culturel, cesser de se pré-
senter comme l'incarnation « naturelle » des valeurs universelles, assumer ses échecs et ses erreurs, d'autant qu'il n'a
pas le monopole du mal et des perversions. Et *simultanément*
il doit rappeler l'importance des valeurs universelles dont il
n'est pas forcément le seul porte-parole. Cette démarche de
modestie est aussi celle du processus de construction de la
mondialisation et de l'Europe : préserver la référence à des
valeurs, au-delà du jeu dominant des intérêts. Dans les deux
cas, on commence par l'économie ; dans les deux cas, on sait
la nécessité de passer au plan des valeurs et de la culture. *La*
mondialisation sans valeurs ni régulation est un facteur de
guerre. La similitude dans le cheminement entre les deux
démarches doit permettre à l'Europe de ne pas se mettre en
position de donneuse de leçon, tout en revendiquant la référence à un certain idéal.

Toute l'histoire de l'Europe plaide d'ailleurs pour ce
double mouvement : modestie et référence à l'idéal. Il n'y a
pas forcément contradiction entre occidentalisme et universalisme : l'Europe peut à la fois revendiquer ses liens avec
l'occidentalisme, ne pas en faire un « modèle », et préserver
la référence à un certain universalisme.

La question intéressante, du point de vue de la cohabitation culturelle, est de savoir à *quelle bonne distance* il faut se
situer pour établir les relations entre ces trois échelles, de
l'Europe, de l'occidentalisme, de l'universalisme. *La ques-*
tion de la bonne distance est celle de la cohabitation cultu-

relle. Voir l'Autre, mais à une distance telle qu'il soit supportable. Faute d'un espace public européen, cette question essentielle de la distance n'est pas facile à discuter. Il faut de toute façon ouvrir ce débat entre occidentalisme et universalisme, au sein de l'Europe, car c'est de là qu'il est parti, mais il doit *aussi* avoir lieu dans les espaces publics nationaux. Surtout il ne doit pas rester le monopole des chancelleries et des belles âmes cosmopolites. Il doit *s'enraciner* dans les opinions publiques, apparaître comme une vraie question. Contrairement à ce que disent si fréquemment les élites, les peuples aiment débattre des grandes questions. La preuve ? La démocratie de masse, depuis un demi-siècle, n'a pas plus éludé les grandes questions que la démocratie élitiste d'hier…

Dans ce débat sur la place de la culture dans nos sociétés et sur les rapports entre occidentalisme et universalisme, l'Europe a une longueur d'avance sur les États-Unis. Tout simplement parce que, au sein de l'Europe, il s'agit de pays beaucoup plus anciens, où il existe depuis longtemps des heurts de cultures et où, depuis cinquante ans et après les deux conflits mondiaux, les uns et les autres ont finalement compris qu'il ne peut pas y avoir de domination culturelle. *Or c'est précisément parce que les Européens savent qu'entre eux il ne peut plus y avoir de domination culturelle que la cohabitation culturelle peut devenir un objectif politique fondamental.*

Aux États-Unis, rien de tel. La diversité culturelle des immigrants est extrême, mais le prix à payer, individuellement, pour devenir citoyen américain a toujours consisté à abandonner ses racines et à adhérer au credo américain. Quand elles resurgissent, deux générations après, les identités d'origine n'ont plus le même statut. C'est sans doute ce rapport douloureux aux cultures d'origine dans la constitution de l'identité des États-Unis qui explique leur difficulté à aborder la question de la cohabitation culturelle ailleurs.

En réalité, les Américains n'ont pas de tradition de cohabitation culturelle, en dépit de leur tentative pour créer un « melting pot » dont ils sont fiers, mais dont les Noirs américains, les Chicanos, et tous les groupes non européens ont finalement été exclus. *Dans leur majorité, ils ont du mal à penser l'altérité culturelle.* Ils croient que *leur* culture est la meilleure du monde, parce qu'ils confondent l'américanisation des modes de vie avec l'adhésion à leur culture et à leurs valeurs. Ce faisant, ils sous-estiment les risques d'une révolte des vieilles cultures, le retour du « refoulé » face à l'impossibilité d'aborder de manière *égalitaire* la question de la cohabitation culturelle.

L'expérience de l'Europe, obligée par l'histoire et ses conflits à gérer la cohabitation culturelle, sera utile pour les États-Unis quand la question de la cohabitation culturelle se posera au niveau mondial. Car les Américains, pourtant multiculturels, ont beaucoup de difficulté à penser cette autre mondialisation. Ils sont en effet mal à l'aise face à la question culturelle, et ce pour trois raisons : d'abord parce que, étant la puissance dominante, ils supposent – à tort – être la culture dominante ; ensuite parce que, historiquement, les cultures sont venues « chez eux » ; enfin parce que la création de la culture américaine s'est faite par « oubli et suppression des autres cultures ».

Non seulement l'Europe peut aider à penser cette cohabitation culturelle, mais elle peut aussi aider à *élargir la définition de la culture, au-delà* de la définition des industries culturelles, et montrer qu'elle est à la fois revendication politique et comportement social. Bref être attentive au fait que la culture sera de plus en plus une réalité *à géométrie variable.* Autrement dit, pour elle-même, pour les États-Unis et plus largement pour le reste du monde, l'Europe, par son histoire et son projet, peut faciliter une réflexion sur l'extrême hétérogénéité de toute la problématique de la culture, sur la relation entre patrimoine et style de vie, entre industrie et contestation politique, entre identité et projet. Cette problématique culturelle qui émerge, et qui hésite entre l'identité-refuge et l'identité-relation, la politique et l'économie, permet également d'expliquer des dérives possibles vers le populisme, l'irrédentisme ou la simple instrumentalisation économique.

Finalement, l'immense chantier de la cohabitation culturelle en Europe, avec l'hétérogénéité de ses références et de ses enjeux, est une chance pour les Occidentaux mais aussi pour les Américains. Elle peut permettre aux uns et aux autres de comprendre pourquoi et comment culture et communication émergent comme des enjeux politiques majeurs, et à quelles conditions la cohabitation culturelle peut être la base de cette autre mondialisation.

Il s'agit de questions immenses liées à la fois à la politique et à l'économie, à la paix et à la guerre, à l'émancipation et à l'identité. L'Europe est finalement « en avance », par son histoire, pour poser ces questions. *Entre universalisme et occidentalisme, il faudra construire la cohabitation culturelle.*

Quatre priorités

L'Europe est le premier chantier mondial de la cohabitation culturelle du XXIᵉ siècle. C'est une chance inouïe pour les Européens qui, embarrassés par la construction difficile d'un édifice à quinze membres, puis à vingt-trois et bientôt à vingt-cinq, ne se rendent pas compte de leur privilège. Les premiers, ils abordent ce moment décisif : celui de l'apprentissage de la cohabitation, dans un monde devenu transparent, où tout est visible et l'Autre omniprésent. Demain, la même question se posera pour l'Asie ou l'Amérique latine…

L'Europe est la seule à avoir cette expérience mondiale depuis le XVIᵉ siècle, la première à aborder cette question centrale du XXIᵉ siècle : cohabiter sans désir de destruction mutuelle. Elle ouvre la porte d'une autre histoire, d'une autre mondialisation sans laquelle il n'y aura pas de paix.

Certes, la cohabitation culturelle, même réussie au plan mondial, n'est pas une condition suffisante de la paix, mais sans cohabitation culturelle, on le sait, la paix est plus improbable encore. L'Europe, elle, n'a jamais dissocié projet politique démocratique *et* reconnaissance du pluralisme culturel. En respectant simultanément les principes démocratiques *et* la cohabitation culturelle, elle peut offrir au reste du monde un chemin, certes étroit, où la revendication identitaire, plus forte aujourd'hui que jamais, serait à la fois reconnue et traitée pacifiquement dans le cadre de la tradition démocratique.

L'Europe peut surtout redonner vigueur aux petites identités culturelles, car elle est elle-même une véritable
mosaïque de cultures. Et l'union politique n'existera que si
cette diversité est reconnue. En brisant la hiérarchie historique, entre les « grandes et les petites cultures » – même si
cela doit prendre des générations –, l'Europe prouvera au
reste du monde que le projet de cohabitation culturelle n'est
pas impossible.

Ce n'est pas chose aisée. Rappelons-nous les guerres de
Yougoslavie d'il y a presque dix ans : elles ont mis au jour la
persistance de ces « dentelles identitaires » qu'on croyait dis-
parues. La Yougoslavie, c'est l'Europe en plus petit, car tout
– des différences culturelles aux langues en passant par les
identités religieuses – y est facteur de tensions. À vouloir
l'oublier, l'Europe l'a payé très cher, au point d'admettre
qu'elle ne pouvait pas elle-même régler l'affrontement de
ces diversités culturelles.

S'il n'y a pas de petites identités culturelles, il n'y a pas
non plus de monopole des religions. Leur diversité est
grande en Europe : catholiques, protestants, orthodoxes,
juifs, musulmans. Selon les pays et les moments, elles n'ont
pas joué le même rôle. Et si elles ont pu être des facteurs de
guerre, elles sont aussi souvent, mais cela se voit moins, facteurs de lien familial, de cohésion sociale et culturelle. Et
leur message, comme les contacts qu'elles peuvent entretenir, est précieux.

En fait, construire l'Europe de la culture, c'est entreprendre deux démarches simultanées et contradictoires :
valoriser les éléments de la culture commune sans lesquels
un projet politique commun ne pourrait pas durer ; reconnaître et valoriser les éléments de différences culturelles. Et
c'est évidemment le second volet qui, au bout d'un moment,
devient la condition du premier.

*L'Europe se trouve la tête de pont des trois mondialisa-
tions, politique, économique et culturelle.* De plus elle est au
carrefour du Nord et du Sud, de l'Est et de l'Ouest. C'est à la
fois une chance, une épreuve et un défi. Superbe revanche à
l'égard de ceux qui, depuis un demi-siècle, soutiennent que
l'Europe est « sortie » de l'histoire et n'en est plus un acteur
privilégié…

Elle peut l'être définitivement à quatre conditions : reprendre l'histoire de la décolonisation ; s'attaquer d'urgence à trois domaines aux ramifications internationales – le terrorisme, l'immigration et la prostitution ; oser affronter les États-Unis qui, à l'égard de cette problématique de la cohabitation culturelle, sont relativement démunis malgré leur arrogance apparente ; enfin valoriser ce modèle de la cohabitation culturelle aussi importante que l'Europe politique et économique.

Assumer le passé

Pour cela, il faut sortir de la culpabilité et de la mauvaise conscience à l'égard de nombreux pays colonisés hier par l'Europe. Sortir de la logique de la dette, de la repentance et de la réparation. L'Europe est au cœur de la colonisation avec ses méfaits et ses grandeurs, mais la violence a existé avant le XVᵉ siècle dans d'autres civilisations, et d'autres barbaries et dominations ont existé ailleurs.

Le silence sur les conditions de la décolonisation en France, en Grande-Bretagne, en Hollande, en Espagne, au Portugal, en Belgique, en Italie, en Allemagne… en disent long sur le cadavre dans le placard de l'Europe. Ce que nous avons analysé dans le chapitre sur la France se retrouve chez les anciennes puissances coloniales. C'est dire si, pour le moment, le malaise est profond et le silence assourdissant sur la décolonisation et son bilan. Or cette incapacité à réouvrir sereinement ce dossier prive aussi les anciennes colonies d'une bonne partie de leur histoire. Certes, elles se servent de cette culpabilité pour tirer un profit substantiel de relations qui ont souvent un caractère néocolonial, mais c'est sans se rendre compte que, au-delà de cet intérêt immédiat, cette *absence de parole et de dialogue* est préjudiciable à tous, anciennes colonies et métropoles.

Sortir de la décolonisation, c'est passer de la mémoire à l'histoire, sortir du couple culpabilité-réparation, relire l'histoire de la première mondialisation entre les XVIIᵉ et XXᵉ siècles, construire les voies d'une nouvelle relation Nord-Sud. C'est passer du contentieux à la confrontation, puis à la coopération, c'est-à-dire entrer dans une logique de cohabitation culturelle.

C'est aussi valoriser les « outre-mers » de l'Europe. Bruxelles ne doit pas reléguer ces politiques « au fond du couloir » où elles sont trop souvent cantonnées par manque de culture. *Les petits pays économiques peuvent poser de grands problèmes culturels.* Et surtout l'on s'apercevra que les *modèles* de colonisation ont été différents selon qu'ils ont été imposés par les Espagnols, les Portugais, les Britanniques, les Français, les Hollandais, les Belges, les Allemands ou les Italiens... Il faut revenir sur toutes ces différences, elles sont les conditions d'un dialogue authentique. Quels sont les points communs et les différences entre les nations colonisatrices ? Ces points communs étaient-ils dus à la proximité géographique, aux liens historiques des populations entre elles ? Quels étaient les stéréotypes existant dans les deux sens ? Quel était le type de rapports sociaux entre les colonisés et les colonisateurs, les prêtres et les marchands, les militaires et les diplomates ? Quel rôle ont joué *effectivement* les différentes religions ? *La colonisation, avec la cohabitation culturelle, doit acquérir une autre dimension*, et être traitée sur le mode historique, plutôt que sur le mode politique et idéologique.

En somme, c'est toute une anthropologie politique qu'il faut construire : celle de l'analyse comparative des différents modèles de colonisations en Europe et sur le terrain. Il sera alors possible de sortir de l'Europe bunker, de découvrir la richesse des relations mutuelles, de reconnaître tout ce qui a été appris au contact de ces peuples « primitifs », et pas seulement du côté de l'art... En refusant, ou en étant pour le moment incapable d'entreprendre ce travail de reconnaissance historique, l'Europe fait comme si elle était *encore* une puissance coloniale...

Or, ce n'est plus le cas depuis longtemps et, aujourd'hui, dans un pied de nez de l'histoire assez piquant, ces « confettis d'empire », ces restes de l'histoire, ces « radicelles » prennent une place prépondérante. Quand il s'agit d'organiser la cohabitation culturelle, de tout petits pays peuvent être de superbes cultures et se révéler beaucoup plus novateurs. Derrière ces modèles de colonisation qui n'ont finalement *jamais* été simples d'un pays à l'autre, on retrouve ce foisonnement de l'histoire, des rencontres, des dominations, des échanges, des fascinations. On retrouve aussi l'incompréhension, les imaginaires et les utopies.

De même faut-il reprendre l'histoire des *mouvements de populations et l'immigration* de ces différents pays vers l'Europe. Comme l'histoire nous l'enseigne, l'Europe n'a jamais été « pure ». Elle a toujours reçu une immigration importante et très diverse. Plus encore, elle a *« exporté » et « importé » des populations de sorte que le processus d'assimilation fut constant.* Bien sûr, il faudrait évaluer quantitativement et qualitativement ces mouvements de populations, faire une comparaison des différents statuts de l'immigration, des modèles de naturalisation... Il faudrait, au sein de l'Europe, élargir les livres d'histoire au-delà des histoires nationales, mais aussi les ouvrir à ces « outre-mers ». Car *l'Europe a toujours été en relation avec le reste du monde.* Son identité est faite d'emprunts fondamentaux. On le sait un peu pour l'art et l'alimentation, beaucoup moins pour les règles du commerce, les styles, la musique, la littérature, les sciences, les modèles de relations interpersonnelles, l'organisation, l'architecture... La liste des « emprunts », qui ont pu être de vrais « vols » – pensons à l'archéologie –, en dit long sur ce que l'Europe *doit* au reste du monde.

Si l'identité européenne est difficile à cerner, tant les différences culturelles sont immenses, il y aurait un jour un profond soulagement à admettre comment l'Europe s'est nourrie des autres cultures et civilisations, tout en conservant toujours une formidable capacité créatrice culturelle propre. Cela signifie également que la question de la « négociation » entre civilisations ne date pas du XXIᵉ siècle. Il y a des précédents, des acquis, des richesses mutuelles.

Autrement dit, ce détour par l'histoire et la connaissance n'a rien d'inutile. Au contraitre. Demain, dans le cadre de la mondialisation, les liens de toutes ces collectivités avec la « lointaine » Europe deviendront une chance car celle-ci est une sécurité contre les forces déstabilisatrices de la mondialisation, un lien avec la modernité économique, scientifique et culturelle, et finalement un élément de fierté.

S'affranchir des États-Unis

L'Europe doit se distinguer davantage du modèle culturel américain. Pourquoi essaie-t-elle d'en copier les aspects les plus discutables, à commencer par son « conformisme moderniste » ? Par exemple, au lieu de reprendre ce thème de la « société de l'information », qui ne veut pas dire grand-chose, les Européens auraient dû s'attacher à motiver cette expression et lui donner de la profondeur, en insistant sur *l'importance de la culture*, par rapport à une simple problématique de l'information. Et à valoriser un projet politique et démocratique pour dépasser le technicisme des réseaux. Mettre au jour la question culturelle aurait aussi permis de comprendre qu'il *n'y a pas de neutralité* de l'information et que celle-ci est toujours liée à des modèles culturels, qu'elle ne se réduit pas *au nombre d'ordinateurs interconnectés*. Autrement dit, en prenant ses distances par rapport à une définition technique de l'information et de la construction de l'Europe, on donne une chance à des pays, peut-être moins bien équipés en ordinateurs, mais riches en matière culturelle...

Le choix ne se pose pas entre la mondialisation des systèmes d'information *et* la cohabitation culturelle, *il est de faire les deux*. Il faut relativiser la révolution technique des réseaux par l'obligation de construire la cohabitation culturelle ; prendre acte du fait que, comme l'a montré tragiquement le 11 septembre 2001, l'on peut à la fois totalement maîtriser les technologies les plus sophistiquées *et* ne rien comprendre aux *causes* du divorce culturel, idéologique et politique entre les États-Unis et le reste du monde. Reconnaître là aussi que les lignes Maginot technologiques ne peuvent rien contre les valeurs. Bref, les Européens, dans ce gigantesque triangle de l'identité culturelle, de la communication et de la politique, ont une *autre* logique à jouer que les États-Unis, celle du « palabre » plus que celle d'Internet. Ce serait rendre un grand service à leurs alliés que de les inciter à ouvrir une réflexion sérieuse sur la cohabitation culturelle, à l'égard de laquelle, on l'a vu, les Américains sont mal à l'aise. Penser la cohabitation culturelle au plan mondial permettrait sans doute aux États-Unis de sortir des stéréotypes à l'égard de leur propre histoire. De son côté, l'Europe a si souvent trahi les valeurs humanistes qui l'animent qu'elle peut aujourd'hui, avec sa popre histoire passée et présente, aider ses « cousins d'Amérique » à réfléchir à l'un des enjeux politiques les plus difficiles du XXIe siècle. Après tout, face à cette question immense, deux continents ne sont pas de trop.

Il y a un endroit où cette pratique du « palabre » est déjà une réalité. C'est dans les négociations internationales de l'OMC. Il n'est pas neutre que ce soit aussi le lieu de la discussion sur l'exception culturelle. C'est une très longue bataille, essentielle, commencée il y a vingt ans au GATT, et dont l'OMC, aujourd'hui, semble largement sous-évaluer l'importance. C'est pourtant une bonne partie des conditions *concrètes* de la cohabitation culturelle de demain qui sont ici en jeu pour les identités de la culture et de la communication. Il ne faut pas *confondre* le fait que, partout dans le monde, on souhaite accéder à des images et à des données, posséder des télévisions et des ordinateurs, avec, par ailleurs, le statut futur, le rôle et le devenir des industries culturelles et de la communication. Si les Américains gagnent et imposent leur conception de la culture, à savoir qu'il n'y a pas de différence entre la presse, l'édition, le cinéma, la télévision, les logiciels et n'importe quelle autre activité économique, c'en est fini à terme de la diversité culturelle. La logique capitaliste et la concentration économique auraient, au niveau mondial, un impact catastrophique du point de vue de la diversité culturelle et deviendraient directement facteurs de guerre. C'est comme si l'on faisait confiance uniquement aux industries les plus polluantes du monde pour résoudre les questions de l'écologie et de l'environnement !

Les industries culturelles, et de la communication, ne sont pas des industries comme les autres. Les Européens, au sein de l'OMC, sont les seuls au plan mondial à avoir les moyens intellectuels, culturels, financiers et économiques pour résister à la logique américaine. Ils sont à l'avant-garde de cette bataille gigantesque, mais ont du mal à en assumer les responsabilités. Au centre, il y a l'antagonisme concernant le statut de l'Autre. Préserver la conception du *droit d'auteur*, qui reconnaît et rémunère le créateur, par rapport au *copy-*

right américain qui fait de la création un paramètre simplement économique au sein de l'activité de l'entreprise est un
enjeu fondamental qui va bien au-delà de l'économie.
Défendre le droit d'auteur, c'est défendre partout la création
individuelle, sur tous les supports, y compris jusqu'à l'activité essentielle de la *traduction* qui doit être considérée
comme une forme de création. La directive européenne du
22 mai 2001, relative à « l'harmonisation de certains aspects
du droit d'auteur et des droits voisins dans la société de
l'information », dessine une approche qu'il faudrait renforcer. Par exemple en admettant que la traduction, dans le
cadre de la cohabitation culturelle, est une activité de création à valoriser, et pas seulement une commodité. Cela
voudra dire que l'on reconnaît aux langues un statut culturel
fondamental et qu'elles sont porteuses de visions du monde,
d'imaginaires et d'utopies. Leur immense diversité à
l'échelle de la planète est probablement l'un des atouts les
plus forts de l'humanité, ainsi qu'une dette qu'elle a à
l'égard d'elle-même et de son passé. Dans mon ouvrage *La
Dernière Utopie* (1993), j'avais dit que l'Europe politique
naîtraît le jour où ce continent serait fier de sa diversité linguistique, et la manifesterait par une ambitieuse politique de
traduction. Le raisonnement peut être étendu au reste du
monde.

Cela dit, les mesures actuelles en faveur de la diversité
culturelle restent *faibles*, très en deçà des enjeux politiques à
venir. Certes, la bataille pour l'*exception culturelle*, qui
concernait surtout le cinéma et la production audiovisuelle,
rencontre enfin un certain écho en Europe, après la bataille
de l'AMI (1998), mais beaucoup d'États européens ne sont
pas encore convaincus de l'enjeu fondamental de la diversité
culturelle. Celle-ci se jouera sur la manière dont sera – ou
non – réglementé le *commerce électronique* qui peut devenir
le cheval de Troie de toutes les dérégularisations. Certes, les
directions « Télévisions sans frontières » de 1989 et 1997
ont elles aussi favorisé le développement d'une industrie
européenne de programmes ainsi que leur diffusion, mais là
encore avec beaucoup de réticences internes, alors que plus
le temps passe, avec les effets de la concentration des industries culturelles au plan mondial, plus on se rend compte du

rôle essentiel joué par l'Europe dans ce domaine. Pourquoi celle-ci ne parvient-elle pas à tenir son rôle à l'avant-garde de la bataille pour la diversité culturelle ? Sur ces sujets fondamentaux, elle est dans une certaine dépendance intellectuelle, presque « culturelle », à l'égard des États-Unis, oubliant ce que la culture américaine lui doit, et l'aide qu'elle peut leur apporter pour appréhender l'importance de cet enjeu politique essentiel. La force de l'Europe, ce n'est pas seulement son PIB, ni le nombre de ses sous-marins nucléaires, c'est d'abord de reconnaître l'importance d'une politique culturelle, l'existence d'une industrie culturelle mixte publique-privée, une réglementation et une politique de création. Cela ne suffit par pourtant. Il faut aussi lutter contre une concentration excessive des industries culturelles, car, en matière de culture et de communication, toute concentration excessive est finalement contradictoire avec la diversité. Il faut reconnaître la spécificité des enjeux politiques de la communication, garantir une vraie place à la radio et à la télévision de service public, pour qu'il y ait une réelle concurrence ; assurer un équilibre entre les médias généralistes et thématiques afin que la croissance des derniers ne menace pas la fonction de lien social des premiers. Il faudrait aussi assurer une beaucoup plus grande sensibilisation aux programmes et aux styles des médias des différents pays. Car apprendre à cohabiter, c'est au moins comprendre l'univers symbolique des autres. Cela passe par l'essor des fonds culturels européens et par le développement évident d'Euronews, la seule chaîne d'information multilingue européenne qui permette de savoir ce qui se passe ailleurs et d'avoir une sensibilisation à d'autres univers culturels et mentaux. En matière de communication audiovisuelle, l'Europe pourrait faire beaucoup plus. Sa timidité renvoie, outre sa dépendance intellectuelle à l'égard des États-Unis, au fait qu'*elle n'a pas encore compris combien la culture et la diversité culturelle sont le chantier politique prioritaire de demain.*

De ce point de vue, tout va s'accélérer avec l'élargissement de l'Europe. La culture, qui avait sagement été mise de côté pendant cinquante ans, va s'imposer sous la forme de l'obligation de penser et d'organiser la cohabitation cultu-

relle. D'ailleurs, même le vocabulaire qui parle d'« élargissement » est impropre, comme le rappellent à juste titre
certains dirigeants de l'Europe de l'Est. Il faut parler de
« réunification » pour effacer les dégâts de la guerre et du
communisme. Pendant ces quarante années d'isolement, la
référence à la culture et à la civilisation européennes a joué
un rôle considérable de résistance à l'idéologie. Accueillir
aujourd'hui les pays de l'Est, c'est leur permettre de réinté-
grer *leur* famille... La réunification de l'Europe oblige à un
plus grand respect de la diversité culturelle. Demain, l'*islam*
et l'*orthodoxie* seront *au cœur* de l'Europe, obligeant à
élargir les fondements de l'Europe chrétienne. Tant mieux,
car à partir de la cohabitation religieuse à organiser, c'est
toute la diversité culturelle européenne qui sera valorisée. En
réalité, l'Europe culturelle repose sur trois pieds : le premier
catholique et protestant et ses racines juives ; le deuxième
musulman ; le troisième orthodoxe. Cette diversité religieuse
relancera l'idéal de la *laïcité* qui, à son tour, aidera à penser
cette diversité culturelle, patrimoine essentiel de l'Europe.
Pendant cinquante ans, l'économie a été le moteur de
l'Europe ; par la seule logique politique de l'élargissement,
liée à l'effondrement du communisme, la question de la
diversité culturelle devient maintenant centrale.

Affronter les urgences : terrorisme, immigration, prostitution

Par leur violence, ces trois réalités vont obliger l'Europe à
traiter le fait culturel comme un fait politique. Le *terrorisme*
en Europe, c'est à la fois celui qui, comme celui des
Basques, des Corses et hier des Islandais – et demain... –,
met en cause l'ordre démocratique. C'est aussi le refuge que
représente l'Europe pour les terrorismes, avec la difficulté de
fermer ses frontières, surtout depuis Schengen. Il pousse au
bout la logique de l'identité culturelle-refuge, obligeant à
mettre un point de capiton dans le désir identitaire. Par sa
violence, il oblige à la fois à penser des rapports entre diversité culturelle et politique et à trouver les limites au-delà desquelles la revendication identitaire n'est plus tolérable.

Le terrorisme, c'est aussi la manière dont l'Europe sert de
base arrière pour les mouvements internationaux. Al Qaïda

oblige à repenser la question du lien entre police, justice, politique et médias ; à amplifier la coopération européenne ; à renforcer le rôle des États-nations dont la souveraineté est directement mise en cause par l'internationale du terrorisme. Le terrorisme oblige à comprendre comment, dans certaines conditions, la négation des identités culturelles, l'absence de changement politique dans certains pays, le fanatisme et la violence peuvent se combiner. Le terrorisme met en cause la mince couche de vie démocratique existant au monde, et il illustre la frontière toujours diaphane entre culture, violence et politique.

Si l'Unesco échoue dans son superbe projet de cohabitation culturelle, le terrorisme pourrait apparaître comme une solution. Le terrorisme serait alors le symétrique de l'Unesco. Où est la volonté d'un effort de compréhension culturelle ? Le terrorisme se dissoudra-t-il par enchantement dans l'action conjuguée des services secrets, de la justice et de la politique ?...

La même critique radicale du projet européen se voit dans la difficulté de gérer la question de l'*immigration clandestine*. Celle-ci a toujours existé, mais elle est aujourd'hui la révélation épouvantable des limites du projet européen pour trois raisons. D'abord elle montre en creux le fait que l'Europe, qui s'est largement servie de l'immigration pour assurer sa croissance économique, a été incapable, en dehors de ses hymnes à la démocratie, de résoudre la question de la cohabitation et de l'intégration de populations qui sont du premier cercle de l'Europe. Le misérabilisme de la politique d'immigration européenne est le reflet de sa vision hiérarchique des sociétés, et de son incapacité à accepter la diversité culturelle. Ensuite, l'absence de dignité et d'ampleur de la politique européenne pour traiter cette question, avec les pays frontaliers, renforce l'impression d'un bunker, incapable d'appliquer aux relations avec les voisins, auxquels il doit tant, les principes élémentaires dont il se réclame. L'Europe se met plus facilement d'accord pour la politique aéronautique, l'espace, la chasse, la pêche... que pour l'immigration. Les immigrés clandestins sont le révélateur le plus cru de ce qu'est l'Europe : une zone riche où l'on trouve du travail, une réplique des inégalités économiques mon-

diales – et non pas un modèle de société. Les immigrés clandestins renvoient, sans le savoir, l'image principale de l'Europe : ni projet politique démocratique, ni culture rayonnante
ouverte à la diversité, mais plutôt une sous-Amérique.

La troisième plaie, peut-être la plus révélatrice de l'échec
d'un certain projet européen, est *l'extraordinaire marché de
la prostitution clandestine*, alimenté pour l'essentiel par les
filières de l'Europe de l'Est. Quel rapport avec l'enjeu de la
cohabitation culturelle ? Essentiel. C'est la preuve d'abord
que la bataille pour l'émancipation de la femme peut
régresser rapidement, y compris dans les pays qui s'en fai-
saient le porte-parole ; la preuve ensuite que l'économie du
crime est toujours plus forte que les Droits de l'homme les
plus élémentaires, comme celui du respect de la dignité
humaine ; la preuve enfin que l'Europe, comme pour l'immigration, est vue comme un Eldorado économique et comme
une passoire politique. En outre, cette prostitution clandestine, originaire de l'Europe de l'Est, illustre la bonne
conscience de l'Ouest, son indifférence à l'égard de l'Est et
sa profonde méconnaissance culturelle.

La prostitution, plus encore sans doute que le terrorisme et
l'immigration clandestine, est la preuve que l'Europe culturelle se résume à celle des riches, et que la définition mini-
male de la culture ne parvient pas à y atteindre l'idée du *respect* de la personne humaine. Avec la prostitution, ce sont les
fondements mêmes de la société européenne qui sont
bafoués. Voilà la manière peut-être la plus visible de rappeler
que l'Europe est loin de son objectif, sans parler de ses
idéaux, car la première forme d'esclavage, la prostitution,
non seulement n'y est pas éradiquée mais y est florissante.
Qui parle d'une Europe patrie des Droits de l'homme ?

*La prostitution et son complément la drogue illustrent cet
impératif : pas de diversité culturelle s'il n'y a pas d'abord
le respect des personnes. C'est par là que la culture commence.* Ce droit élémentaire des personnes est bafoué quotidiennement dans le monde. Mais qu'il le soit ici avec autant
d'indifférence en dit long sur le degré d'humanité qui règne
dans la partie la plus « cultivée » du monde.

L'Europe et l'Occident, avec la drogue, la prostitution et
leur complément, la *corruption*, se trouvent au pied de leurs

valeurs minimales. Ces trois plaies illustrent à elles seules le fait que, pour le moment, culture et démocratie peuvent rester disjointes…

L'Europe doit faire en permanence ce *double travail*, avancer par l'intermédiaire de grands projets communs, y compris dans le domaine de la culture, et apprivoiser les mille et une différences qui font sa force. Plus le projet politique s'affirmera, plus l'apprentissage et le respect des différences sera nécessaire. Les autoroutes de la diversité ne doivent pas faire oublier le rôle que peuvent jouer les mille et un chemins de la cohabitation culturelle. Le Japon, dans un tout autre contexte culturel, illustre ce paradoxe. Quand tout se ressemble, les différences sont très fortes, même si elles sont peu visibles. C'est le règne des très petites différences. Les Japonais sont apparemment très occidentalisés. En réalité, en regardant finement, on voit les mille et une différences.

Il faudrait sans cesse rappeler le double objectif des projets européens, qui fait leur grandeur : une utopie de coopération, une connaissance fine, quasiment quotidienne, des différences à respecter. Il faut faire les deux simultanément. La question du *style* est peut-être le meilleur raccourci pour faire prendre conscience des deux logiques. Le style exprime à la fois un mélange de connaissances culturelles et une certaine tolérance à l'égard de ce qui ne nous ressemble pas. L'identité *culturelle relationnelle* qui est au cœur du projet européen réclame du temps, et un certain niveau de vie. Car on supporte d'autant mieux autrui que l'on ne se sent pas menacé par lui. C'est pourquoi la richesse économique de l'Europe est une condition substantielle de son pluralisme culturel. Ou plutôt c'est un avantage considérable par rapport à d'autres aires culturelles, où il faudra de toute façon cohabiter, mais avec des conditions économiques beaucoup moins favorables. En tout cas, il va falloir s'apprivoiser mutuellement, en sachant que *plus les modes de vies se ressemblent, plus les différences culturelles sont essentielles*, car jamais un Européen ne voudra ressembler à un autre. Comme je l'ai dit dans *La Dernière Utopie*, « l'Europe des blue-jeans ne préfigure pas l'Europe culturelle ». Sous toutes les ressemblances, les différences restent intactes. La culture de masse, fantastique progrès de la démocratie, et l'émer-

gence des classes moyennes ne suffisent absolument pas à
créer une conscience culturelle européenne. C'est presque
l'inverse. Plus les Européens partagent les mêmes pratiques
culturelles, plus le respect des différences doit rester visible.

Les différences culturelles sont parfois infinitésimales,
mais ontologiques. Surtout lorsque existe le projet politique
européen qui oblige à se rapprocher. On ne répétera jamais
assez le changement de statut théorique de la culture en
Europe, entre hier et aujourd'hui. *Hier, la culture européenne
réunissait les élites*, au-delà de la diversité des régimes économiques, sociaux et politiques. Cervantès, Tolstoï et Balzac,
le Greco, Vélasquez et Renoir fondaient un patrimoine
commun au-delà de toutes les différences. Sans parler de
l'héritage grec, latin et byzantin. Aujourd'hui, le projet politique européen ne peut exister que parce qu'existe ce patrimoine culturel commun. Mais, en même temps, plus on se
rapprochera les uns des autres, plus il faudra préserver les
différences, qui ne disparaissent pas dans ce rapprochement,
mais prennent au contraire beaucoup plus d'importance.

Si l'éducation et la culture ne relèvent pas, pour le
moment, des politiques communautaires, c'est parce que
chacun sait qu'il s'agit de dossiers *explosifs*.

C'est pourquoi l'Europe, du point de vue de la cohabitation culturelle, est un terrain exceptionnel de réflexion. Les
éléments de diversité sont infinis, et seront encore plus
revendiqués au fur et à mesure que l'on ira vers l'Europe
politique, elle-même moins difficile à faire que l'Europe
culturelle. Autrement dit, il faut simultanément avoir en tête
ce *double chantier*, l'unité et la diversité. En sachant que le
nombre croissant de partenaires, la visibilité assurée par
l'information, ainsi que la montée des revendications identitaires constituent des logiques contradictoires difficilement
conciliables. De toute façon l'Europe devra mener une
réflexion sur ses *propres* stéréotypes. Elle n'échappera pas à
un travail critique sur elle-même pour mettre au jour les
représentations et les stéréotypes au travers desquels les uns
et les autres se voient et voient le monde. Pour affronter sa
propre diversité culturelle, peut-être devra-t-elle faire un travail de comparaison par rapport à d'autres grands ensembles,

comme le Brésil ou le Japon, qui ont un rapport très différent à l'identité et à la diversité.

Valoriser la diversité culturelle

La culture est le capital de l'Europe. Je ne désigne pas la culture d'élite, très bien prise en charge par les industries culturelles mondiales, car cette culture est justement « mondiale ». Et tout particulièrement en Europe : le niveau d'éducation des peuples en fait certainement l'endroit où elle est la plus reconnue et la mieux valorisée. Marché oblige. Cette culture élitiste européenne existait, indépendamment du projet européen, et se développe d'une certaine manière indépendamment de lui. Il s'agit d'une culture réellement « communautaire » réunissant dans le monde entier tous ceux qui, ayant un certain niveau d'éducation, partagent les mêmes goûts, les mêmes aspirations et accèdent aux mêmes pratiques culturelles. On la voit dans les expositions, les concerts, les musées, les festivals. Elle est très importante mais alimente, trop facilement, l'idéologie de cette élite qui, voyageant et retrouvant partout les mêmes œuvres, a tendance à confondre « leur » cosmopolitisme avec la « culture mondiale ». C'est ainsi que la culture de l'élite « mondiale » devient la « culture mondiale » et légitimise des industries culturelles « mondiales ». Tout cela n'a pas grand-chose à voir avec la cohabitation culturelle entendue dans le sens de cette « autre » mondialisation. La culture, au-delà de celle des élites, c'est, rappelons-le, *l'ensemble des éléments d'une réalité passée ou présente, patrimoniaux ou dynamiques, qui permettent au plus grand nombre de se représenter le monde contemporain, d'y entrer et d'agir sur lui.* C'est donc un processus à la fois beaucoup plus vaste et imprécis dans ses frontières qui, tout en ne s'affranchissant pas des critères sociaux hiérarchiques de goût, exprime une ouverture sociale, une capacité de création et de contestation. En tout cas, c'est un processus qui échappe en bonne partie aux critères culturels traditionnels.

Bref il ne s'agit pas de la *culture-distinction*, mais de la *culture-action*, qui permet de se situer dans le monde contemporain. À cet égard, les politiques culturelles ont un rôle à jouer ; elles ont déjà élargi le catalogue des « biens et services offerts », légitimé de multiples pratiques culturelles qui, il y a un demi-siècle, n'avaient pas droit de cité. Il s'agit maintenant de travailler sur les *fondamentaux* de la culture européenne, ceux sans lesquels la construction européenne aurait été impossible : un certain héritage judéo-chrétien, l'adhésion à la rationalité, à l'universalisme, au respect de l'individu, à la liberté, à l'égalité et aux Droits de l'homme.

Comprendre ce qui *réunit* les cultures, au-delà de leurs différences, fait aussi partie de la compréhension de la diversité culturelle européenne. Cela passe évidemment par un travail sur les *stéréotypes* et les *représentations* qui jouent un rôle central dans la manière d'appréhender autrui.

Après tout, s'il n'y avait pas ces « fondamentaux de la culture européenne », l'un des plus grands actes politiques de l'Europe depuis 1945 n'aurait pu avoir lieu, à savoir le *rapprochement franco-allemand*. Or, celui-ci nous rappelle que la volonté politique peut triompher du déterminisme historique et qu'au-delà de toutes les différences politiques, culturelles et historiques, il existe justement ce fond de valeurs communes qui a rendu possible ce rapprochement.

Pour mieux appréhender ce qui nous réunit et ce qui nous divise, il faut aussi mieux nous comprendre. Cela passe par le développement d'une véritable *politique de traduction*. Il n'y aura jamais de langue unique en Europe, tant la diversité linguistique qui y règne est une réalité indépassable. En revanche, mener à bien un programme de traduction de sorte que, dans quelque ville d'Europe que ce soit, il y ait *un bureau de la traduction*, comme il y avait autrefois l'étal des *écrivains publics*, serait la preuve matérielle que l'Europe des traductions est un beau symbole de l'Europe politique. Ce chantier paraît prioritaire. Mais il faut aussi des mesures solennelles pour respecter la diversité des langues européennes. Il faut résister à la pression des fonctionnaires, typique exemple de la technocratie, qui, pour des raisons d'« efficacité », veulent imposer l'anglais. La *faiblesse* des politiques à l'égard de cette pression technocratique est frappante. Par exemple, on parle de la « constitution européenne », mais jamais personne ne parle de la diversité des langues, comme si celle-ci était un handicap « à gérer » tout au plus en attendant le moment où tous les Européens parleraient anglais. *Au contraire, il faudrait inscrire cette diversité des langues dans la constitution européenne.* Ce qui serait un moyen solennel d'en souligner l'importance politique et culturelle.

Il faut à la fois reconnaître cette diversité essentielle et l'apprentissage des mille et une petites différences culturelles, si fondamentales. Elles sont d'ailleurs l'antidote essentiel à la logique moderniste dominante. *Souligner l'importance des « petites différences essentielles », c'est comprendre les limites d'une certaine modernité technocratique.* C'est comprendre que les sociétés sont beaucoup plus compliquées que l'économie.

Pour cela, il faut généraliser l'apprentissage d'au moins *trois langues.* Plus les Européens seront multilingues, plus ils respecteront cette diversité linguistique qui est « *la carte du génome européen* ». Ce qui n'empêchera pas, au contraire, la création de ces « bureaux de la traduction » un peu partout en Europe. Apprendre, mais déjà, pour commencer, reconnaître les sons. Qui, aujourd'hui, est capable de nommer en les écoutant les onze langues de l'Europe ? *L'apprentissage de la diversité linguistique* est la première étape indispensable. La seconde est de *plonger dans l'histoire des autres pays.* Comment se tolérer mutuellement si l'on ne connaît pas au moins la carte historique de l'autre ? Quel Européen, et même quel chef d'État européen est capable de citer trois dates importantes de l'histoire nationale des autres pays et trois personnalités de cette même histoire ? La connaissance des géographies est à peine supérieure.

Un exemple de ces milliers de différences culturelles ? L'ancienne Yougoslavie dont la guerre de dix ans illustre à elle seule la manière dont l'Europe est mal à l'aise avec sa propre diversité. La Yougoslavie est depuis 1914 le miroir de la diversité culturelle européenne. Tout ce que nous devons apprendre à respecter y est condensé : langues, religions, styles de vie, pluralité des traditions, climats, architectures, systèmes familiaux, folklores…

C'est pour cela qu'il faut utiliser largement les médias. Diffuser chez les autres des programmes significatifs, doublés ou sous-titrés, pour que, dans les émissions les plus

« typiques » ou les plus représentatives, on se sensibilise mutuellement à la différence. La communication médiatique est une voie de passage vers l'autre.

Hisser la *communication* au niveau d'un grand enjeu politique européen serait, avec une politique ambitieuse des *langues* et des *traductions*, le symbole de la prise de conscience de l'immense travail de rapprochement culturel *et* d'apprentissage des différences.

Et les techniques sont sous la main. Jamais les hommes, de la radio à la télévision et aux nouveaux médias, n'ont disposé *d'autant* d'instruments pour inventer, diffuser et faire interagir les Européens sur autant d'informations, de jeux, de divertissements, de connaissances. Jamais, en Europe, l'existence du système mixte d'organisation privé-public n'a été si justifiée pour cette bataille gigantesque à mener de l'apprentissage des petites différences essentielles.

Tout cela réclame des expériences. Il faut avoir suffisamment d'attention aux différences culturelles, prendre le temps de les éprouver, donc accepter la durée et l'expérience d'autrui. Le paradoxe est que nous sommes dans un modèle culturel dominant de la vitesse, de l'interactivité, de l'information rationnelle, alors que l'enjeu culturel de l'Europe est à l'opposé. Il est dans l'apprentissage des formes, dans la découverte des styles et des mille et une expériences sans importance, sans rationalité apparente, et qui font que progressivement se crée un minimum de tolérance mutuelle.

Enfin, pas d'apprentissage des différences sans déplacement physique, sans apprentissage, par le voyage, des différences climatiques, géographiques, linguistiques, politiques. Tous les petits Européens devraient être pris en charge par d'énormes programmes « Erasmus d'échanges » afin « d'aller voir ». Chacun sait que les voyages sont une occasion fondamentale d'apprentissage, une épreuve physique de l'altérité. Il faut relier l'apprentissage de la cohabitation culturelle à l'expérience des déplacements, des lieux, des territoires et des frontières, afin de faire éprouver la géographie et l'espace dans une société où, grâce aux nouvelles technologies de l'information, le temps et l'espace sont par ailleurs gommés.

Certes, chacun sait « tout » de l'Asie, de l'Amérique latine et de l'Océanie, par les images et le son, mais c'est peut-être aussi pour se rendre compte qu'il devient *étranger* à ses propres racines. *La mondialisation n'est pas contradictoire avec l'identité culturelle,* elle la réveille. Aux hommes politiques, aux sociétés, aux lettrés et aux hommes de toutes conditions de savoir ensuite y répondre afin qu'elle reste relationnelle. Et qu'elle ne devienne pas, dans l'identité-refuge, xénophobe et exclusive de l'autre.

Si aujourd'hui, en Europe, les *pèlerinages* ont pris une telle importance, c'est aussi parce que les Européens ont besoin de faire dans la lenteur des déplacements une expérience de l'espace qu'ils ne peuvent acquérir autrement. Plus généralement l'essor de la randonnée, du vélo et de tout ce qui *ralentit* les déplacements, alors que tout vise à les accélérer, est aussi un indice de cette recherche d'autre chose. Le même adolescent, bercé par la musique mondiale, les jeux vidéo, Internet et les « chats » du bout du monde, se retrouve en Europe, à pied ou en vélo, à l'apprentissage de natures et de paysages, qui seront autant de moyens pour lui d'accéder au travail et à la culture d'une histoire dont il est l'héritier. Autrement dit, peu importe qu'il soit relié aux formes les plus modernes d'une culture mondiale si, simultanément, par mille et un rhizomes de l'identité culturelle, il peut prendre pied dans le patrimoine européen. Et y trouver, à terme, à la fois ses racines et autant de diversité que ce qu'il recherche au bout des réseaux ou du tracking dans l'Himalaya.

En réalité, dans cet immense travail de « ralentissement », qui souvent est parallèle au mouvement « d'accélération », c'est à la fois l'épreuve de la différence, la rencontre des frontières et la découverte d'un patrimoine et d'une solidarité humaine qui sont recherchés. *Dans la toute petite différence, essentielle, gît aussi le respect de l'autre.* Dans l'épreuve de la frontière géographique réside la clé de la découverte de l'identité, de la culture et parfois de la solidarité.

Ce que je veux dire, c'est que dans un monde transparent, interactif, mondialisé, rapide, la quête de sens est particulièrement importante, surtout pour l'Europe où le projet démiurgique veut réunir et faire coopérer des peuples que tant de choses ont séparés, depuis des siècles.

Face à cet immense chantier culturel, démocratique et pacifique, *il faut être à la fois modeste et ambitieux. En tout cas non conformiste et utopique.* Tout doit être inventé et expérimenté. C'est par l'apprentissage de la cohabitation culturelle, dans laquelle l'Europe est plongée depuis cinquante ans, qu'elle contribue à faire avancer la réflexion sur ce défi si essentiel pour l'humanité de demain. C'est par la prise en compte des rapports entre culture et communication qu'elle se trouve à l'avant-garde de l'histoire.

Indications bibliographiques

Alix, F.-X., *Une éthique pour l'information. De Gutenberg à Internet*, L'Harmattan, 1997.

Anderson, B., *L'Imaginaire national. Réflexion sur l'origine et l'essor du nationalisme*, La Découverte, 1996.

Badie, B., *L'État importé. L'occidentalisme de l'ordre politique*, Fayard, 1992.

Bauman, Z., *Modernité et holocauste*, La Fabrique, 2002.

Basfao, K. et Henry, J.-R. (dir.), *Le Maghreb, l'Europe et la France*, éd. du CNRS, 1991.

Bertrand, A. et Kalefatides, L., *OMC, le pouvoir invisible*, Fayard, 2002.

Bertrand, C.-J., *La Déontologie des médias*, PUF, 1999.

Bibo, I., *Misère des petits États de l'Europe de l'Est*, L'Harmattan, 1986.

Birnbaum, P. (dir.), *Sociologie du nationalisme*, PUF, 1997.

Boniface, P., *L'Europe et la mondialisation*, PUF, 2002.

Boucher, M., *Les Théories de l'intégration. Entre universalisme et différentialisme*, L'Harmattan, 2000.

Bragues, R., *Europe, la voie romaine*, Critérion, 1996.

Cahiers de médiologie (Les), n° 13, « La scène terroriste », Gallimard, 2002.

Calvès, G. (dir.), *La Politique de discrimination positive*, La Documentation française, 1999.

Cedece, *Les DOM et le droit de l'Union européenne. Les grands textes*, La Documentation française, 2000.

Chatterjee, P., *The Nation and its Fragments. Colonial and Postcolonial Histories*, Princeton, Princeton University Press, 1993.

Cohen, E., *La Souveraineté à l'épreuve de la mondialisation*, Fayard, 1996.

Commission européenne, *Construire la société de l'information pour tous*, Direction générale V, Bruxelles, 1997.

Compagnon, A. et Seebacher, J. (dir.), *L'Esprit de l'Europe*, 3 t., Flammarion, 1993.

Corm, G., *Une Europe et un droit international. De la balkanisation à la libanisation : histoire d'une modernité inaccomplie*, La Découverte, 1991.

Corm, G., *La Méditerranée, espace de conflits. Espace de rêve ou de vie*, L'Harmattan, 2002.

Daosi, D., *Particularismes et universalisme : la problématique des identités*, Strasbourg, Conseil de l'Europe, 1995.

Davie, G. et Hervieu-Léger, D., *Identités religieuses en Europe*, La Découverte, 1996.

Delannoi, G. et Taguieff, P.-A., *Théories du nationalisme. Nations, nationalité, ethnicité*, Kimé, 1991.

Deutsch, M., *Nationalism and Social Communication. An Inquiry into the Foundation of Nationality*, Cambridge (Mass.), MIT Press, 1969.

Duroselle, J.-B., *L'Europe : l'histoire de ses peuples*, Perrin, 1990.

Ethnologie française, « Touristes, autochtones, qui est l'étranger ? », juillet-août 2002.

Farchy, J., *La Fin de l'exception culturelle*, éd. du CNRS, 1999.

Foucher, M., *Fragments d'Europe*, Fayard, 1993.

Rémeaux, J., *Les Empires coloniaux, dans le processus de mondialisation*, Maisonneuve et Larose, 2002.

Fuchs, C. et Robert, S., *Diversité des langues et des représentations cognitives*, Ophrys, 1997.

Garde, P., *Vie et mort de la Yougoslavie*, Fayard, 1992.

Geffré, C. (éd.), *Théologie et choc des cultures*, Cerf, 1984.

Gellner, E., *Nations et nationalisme*, Payot, 1983.

Ghorra-Gobin, C. (éd.), *Les Espaces publics à l'heure globale : réinventer le sens de la ville*, L'Harmattan, 2001.

Gournay, B., *Mondialisation et exception culturelle*, Presses de Sciences-Po, 2002.

Hagège, Cl., *Le Souffle de la langue. Voies et destins des parlers d'Europe*, Odile Jacob, 1992.

Hagège, Cl., *Halte à la mort des langues*, Odile Jacob, 2000.

Haut Conseil de la francophonie, *État de la France dans le monde,* La Documentation française, 2001.

Hermès, Communication et politique, n° 17-18, éd. du CNRS, 1995.

Hermès, Voies et impasses de la démocratisation, n° 19, éd. du CNRS, 1996.

Hermès, La Cohabitation culturelle en Europe. Regards croisés des Quinze, de l'Est, et du Sud, n° 23-24, éd. du CNRS, 1999.

Hermès, Les journalistes ont-ils encore du pouvoir ?, n° 35, éd. du CNRS, 2003.

Hermet, G., *La Trahison démocratique. Populistes, républicains et démocrates*, Flammarion, 1998.

Hermet, G., *Les Populismes dans le monde. Une histoire sociologique XIXe-XXe siècles*, Fayard, 2001.

Hesbourg, F., *L'Hyperterrorisme*, Odile Jacob, 2002.

José, E. et Perrot, D. (dir.), *L'Outre-mer et l'Europe*, Economica, 1994.

Kastoryano, R. (dir.), *Quelle identité pour l'Europe ? Le multicultura-lisme à l'épreuve*, Presses de Sciences-Po, 1998.

Labat, C. et Vermes, G. (éds), *Cultures ouvertes, sociétés intercultu-relles. Du contact à l'interaction*, L'Harmattan, 1994.

Lapierre, J.-W., *Le Pouvoir politique et les langues*, PUF, 1988.

Lardini, F., *Europe et Islam. Histoire d'un malentendu*, Seuil, 2000.

Lepoutre, D., *Cœur de banlieue : codes, rites et langages*, Odile Jacob, 1997.

Marrié, M.-C., *Médias et citoyenneté : les codes de déontologie des journalistes et les textes de référence des droits de l'homme*, L'Har-mattan, 2001.

Meny et Surel, Y., *Par le peuple, pour le peuple. Le populisme et les démocraties*, Fayard, 2000.

Merlin, P., *Les Banlieues*, PUF, 1999.

Mesure, S. et Renaut, A., *Alter ego. Les paradoxes de l'identité démo-cratique*, Aubier, 1999.

Moore-Gilbert, B., *Post Colonial Theory : Contextes, Practices, Poli-tics*, Londres, Verso, 1997.

Noiriel, G., *La Tyrannie du nationalisme. Le droit d'asile en Europe*, Calmann-Levy, 1991.

Pigeat, H. et Huteau, J., *Déontologie des médias, institutions, pra-tiques et nouvelles approches dans le monde*, Economica, Unesco, 2001.

Poignant, B., *Langues et cultures régionales*, La Documentation fran-çaise, 1998.

Proust, J., *L'Europe, au prisme du Japon, XVIe-XVIIIe siècles*, Albin Michel, 1997.

Réno, F., *Identité et politique. De la Caraïbe et de l'Europe multicul-turelle*, Economica, 1995.

Roger, A., *Les Grandes Théories du nationalisme*, Armand Colin, 2001.

Rougemont, D., *Vingt-huit Siècles d'Europe. La conscience euro-péenne à travers les textes d'Hésiode à nos jours*, Payot, 1961.

Rupnik, J., *De Sarajevo à Sarajevo, l'échec yougoslave*, Bruxelles, Complexe, 1992.

Rupnik, J., *L'Autre Europe : crise et fin du communisme*, Seuil, 1993.

Rupnik, J., *Le Déchirement des nations*, Seuil, 1995.

Schnapper, D., *La Communauté des citoyens*, Gallimard, 1994.

Schulze, *L'État et la Nation dans l'histoire de l'Europe*, Seuil, 1996.

Taguieff, P.-A., *La Force du préjugé*, Gallimard, 1990.

Taguieff, P.-A, *L'Illusion populiste*, Berg International, 2002.

Topalov, C. (dir.), *Les Divisions de la ville*, Unesco-Maison des sciences de l'homme, 2002.

Toulemont, R., *La Construction européenne*, Le Livre de poche, 1994.

Tribalat, M. (dir.), *De l'immigration à l'assimilation*, La Découverte, 1996.

Vieillard-Baron, H., *Les Banlieues*, Flammarion, 1996.

Weil, L. et Hansen, Rendall (dir.), *Citoyenneté et nationalisme en Europe*, La Découverte, 1999.

Wenden, C. de, *La Citoyenneté européenne*, Presses de Sciences-Po, 1997.

Wieviorka, M. (dir.), *Racisme et xénophobie en Europe. Une comparaison internationale*, La Découverte, 1994.

Wolton, D., *La Dernière Utopie. La naissance de l'Europe démocratique*, Flammarion, 1993, rééd. « Champs », 1997.

Conclusion

Penser la cohabitation culturelle c'est construire le troisième pilier de la mondialisation. C'est aussi refonder la politique démocratique à l'échelle planétaire. C'est enfin valoriser le concept de communication, et rappeler qu'il n'y a pas de communication interculturelle sans projet politique. Sinon la revendication d'identité culturelle risque de s'enfermer dans la dérive communautariste ou dans les tentations de l'identité agressive. Il faut penser le statut de la politique à l'heure de la mondialisation, en prenant en compte l'émergence du *triangle explosif*, constitué par les rapports entre identité, culture et communication.

Si la communauté internationale ne parvient pas à penser ce triangle, qui est aussi important que l'économie et la politique, cela signifiera l'échec de la troisième mondialisation. *Le défi culturel est l'horizon de la mondialisation*. Organiser la cohabitation culturelle est donc aussi décisif pour la paix que le rapport Nord-Sud ou l'environnement, car depuis toujours les hommes se battent pour leur identité, leur culture, leur modèle de relations sociales, au moins autant que pour les intérêts économiques, car les mots renvoient aux valeurs qui permettent de structurer les représentations et de penser le monde. Et c'est finalement plus pour des valeurs que pour des intérêts que les hommes coopèrent ou s'affrontent.

Le débat n'a donc rien d'académique. Il est directement politique et concerne les chances supplémentaires de paix et de guerre, à l'échelle mondiale. Soit on réalise que le XXIᵉ siècle

ouvre une nouvelle histoire, où, avec l'ouverture des frontières, la circulation des hommes et des capitaux, les problématiques d'identité culturelle collective et de communication
deviennent des enjeux centraux, et l'on en tire les conséquences politiques. Soit on fait encore semblant de croire
qu'il s'agit de problèmes secondaires, en dépit du surgissement de conflits de plus en plus violents depuis la fin du
communisme, et visibles dans le 11 septembre 2001. Et il
faudra en payer un prix humain, politique, de plus en plus
fort. *En réalité, la fin des distances géographiques révèle
l'étendue des distances culturelles.*

Quel choix, pour la cohabitation culturelle ? C'est un peu
l'alternative entre deux symboles, l'Unesco ou le terrorisme
international. Une solution politique au surgissement du
couple culture-communication éviterait cette « guerre des
civilisations » si imprudemment évoquée comme une fata-
lité, du haut des campus luxueux du Nord. La guerre des
civilisations ne pourrait se produire que si les connaissances
et la politique ne parvenaient pas à trouver une solution au
problème posé par la place grandissante de la culture et de la
communication dans l'espace politique. Il existe toujours des
marges de manœuvre, comme nous l'avons montré tout au
long du livre, au plan des États-nations comme à celui de la
communauté internationale. À condition d'admettre que
les enjeux de culture et de communication ne sont pas
secondaires par rapport à ceux liés au développement, à la
santé, à l'éducation…, mais qu'ils sont de même niveau.

*La mondialisation de l'information, au lieu de rapprocher
les points de vue, est le plus souvent un accélérateur des
divergences d'interprétation.* Tout simplement parce que
l'on avait oublié l'hétérogénéité des récepteurs… Si le fondamentalisme religieux est aujourd'hui l'une des sources du
terrorisme, c'est aussi parce que la fin des oppositions idéologiques, les dégâts de la mondialisation, la difficulté de
construire rapidement des repères symboliques communs
pour le nouveau monde ont transformé les identités culturelles religieuses en « ceinture de kamikase ». Si la culture,
au sens large, ne réussit pas à s'imposer comme un enjeu
démocratique, dont il doit être débattu dans tous les espaces
publics, alors la religion, d'une certaine manière, et peut-être

d'autres valeurs après elle, devient le facteur central de la politisation. Un des défis consiste aussi à instaurer la *laïcité* comme principe politique démocratique fondamental, pour éviter que culture et religion deviennent isomorphes.

L'émergence du couple culture-communication, comme nouvel enjeu politique majeur, a pris tout le monde de court et a surgi très rapidement. D'où la nécessité de créer des connaissances, de susciter des réflexions, des débats. Et d'abord de prendre conscience de la nécessité d'un aggiornamento sur les mots, afin de sortir du « politiquement correct » de certains raisonnements. *L'identité culturelle collective* n'est pas un reste du passé ; la *culture* n'est pas seulement un facteur de rapprochement entre les hommes ; la *communication* ne se réduit pas aux techniques et à l'économie ; la *cohabitation culturelle* est un enjeu politique international au moins aussi urgent à penser que le multiculturalisme au sein des États-nations ; le *cosmopolitanisme* est un fait historique majeur, mais ne peut être présenté comme un idéal quotidien, sauf pour une minorité privilégiée...

La *troisième mondialisation*, qui met la culture et la communication au cœur des débats, ne simplifie rien. Elle est au moins aussi dangereuse que la mondialisation économique. Mais il n'y a pas de déterminisme historique. En fait, la mondialisation de la communication fait passer le débat existant entre universalistes et communautariens, de l'échelle des États-nations à celle du globe. C'est le même défi, mais à une échelle immense. Comment gérer la cohabitation culturelle entre communautés ? Comment donner toute sa place à la dimension culturelle sans pour autant tomber dans le culturalisme ? Comment penser les rapports entre société, culture, communication et politique ?

Curieusement les universalistes n'ont pas beaucoup réfléchi à cette grande question qui se pose au niveau mondial et à laquelle nous avons tenté de répondre dans ce livre. Les universalistes ont inspiré la première mondialisation, celle qui organise l'ONU et la communauté internationale. Ils doivent éviter deux risques : celui de négliger l'importance croissante des phénomènes culturels dans la politique, et de croire que celle-ci, au plan mondial, peut se construire en ignorant le triangle identité-culture-communication ; celui de considérer que toute place supplémentaire accordée à une problématique culturelle renforce le communautarisme. En fait, il faut ouvrir ce nouveau chantier théorique. *Penser l'universalisme à l'aune du couple culture-communication.* Puisse ce travail contribuer à construire une pensée universaliste, à propos des enjeux internationaux de la cohabitation culturelle.

La cohabitation culturelle comme troisième pilier de la mondialisation fait apparaître cinq ruptures.

1. *L'importance du couple culture-communication*, comme enjeu politique fondamental. Il est le symétrique de la mondialisation économique. En tout cas il n'y a pas de communication interculturelle possible, ni de gestion de la diversité culturelle, sans *projet politique.* On est ici tellement sur le fil du rasoir que la prise en compte du triangle explosif identité-culture-communication doit être complétée par un projet politique. Sinon la cohabitation culturelle risque de glisser vers ces deux abîmes : le repli communautaire ou le culturalisme agressif. *C'est en cela que la cohabitation culturelle est un concept politique et non culturel.* Si la pensée politique l'emporte, on peut espérer construire ce troisième pilier. Si la politique échoue, c'est le culturalisme qui l'emporte. En résumé, une cohabitation culturelle réussie signifie penser les relations difficiles entre identité, culture et communication, et éviter l'écueil d'un faux cosmopolitanisme ou, à l'opposé, le règne de l'identité communautaire, à base ethnique ou culturelle. Dans tous les cas *cela passe par un travail théorique* sur l'identité culturelle politique collective qui est un peu le pivot de cette révolution. Cela dépend aussi de l'existence d'un projet politique qui transcende les contradictions de ce triangle infernal.

2. La cohabitation culturelle nécessite *trois actions*. D'abord la régulation juridique au niveau national et international. Ensuite le renforcement des institutions internationales pour réguler la mondialisation. Enfin la prise en compte de ce nouveau triangle (identité-culture-communication) dans les relations internationales. Cela passe, dans les trois cas, par une revalorisation du rôle des États-nations, un peu rapidement disqualifié dans la phase d'expansion de la mondialisation économique où dominait l'idéologie de la

déréglementation. Les États peuvent réduire les dérives identitaires, communautaires ou ethniques, et sont une condition pour gérer les dimensions *hétérogènes* des sociétés contemporaines. La fin du XXe siècle fut marquée par la séduction à l'égard du même ; le début du XXIe siècle redécouvre l'importance de l'hétérogène. Si l'État-nation n'a plus la même force qu'il y a un siècle, on peut au moins rappeler l'importance de son rôle dans les trois stades de la démocratie : aux XVIIIe et XIXe siècles pour installer la démocratie politique ; au XXe siècle pour la démocratie sociale ; au XXIe siècle pour la cohabitation culturelle. Dans les trois cas, l'État joue un rôle essentiel.

3. Face au défi de ce troisième pilier à construire, *il n'y a pas à choisir entre tradition et modernité* ; il faut préserver les deux, sans hiérarchie. Aucune dimension ne peut être *a priori* exclue, d'autant que la tradition, dévalorisée pendant les cinquante dernières années, voit son rôle revenir pour contrebalancer l'idéologie de la vitesse et du déplacement. Plus on s'ouvre au monde, plus on circule, plus on a besoin de points de repère, fournis par les traditions. De même faut-il compléter le couple tradition-modernité par l'appel à l'*utopie*. L'utopie, d'ailleurs, est une forme d'universalisme, car elle s'appuie sur l'imaginaire, pour rendre possible l'organisation pacifique de la cohabitation culturelle.

4. Le nouveau défi politique constitué par le couple *culture-communication* donne enfin un statut théorique, *et une valorisation*, au concept de communication qui ne l'avait jamais obtenu en un siècle. Ce concept sort du purgatoire, et l'on réalise qu'il est aussi important que celui de culture. Il y a des techniques mondiales, mais pas de communication mondiale. Avec la culture et la communication, tout est ouvert. Les industries de la culture et de la communication sont *à la fois* du côté de l'émancipation *et* de la domination, ce qui ouvre un espoir. Il existe, en situation, une marge de manœuvre qui laisse la place à la politique. De toute façon le couple culture-communication exprime aussi le changement d'échelle des problèmes : avec la mondialisation, la culture et la communication se trouvent naturellement au centre des enjeux.

5. La question essentielle demeure : *comment organiser de manière pacifique et démocratique la question du rapport à l'Autre* ? Un Autre qui n'est plus abstrait et éloigné, mais omniprésent, sans être pour autant plus familier, ou compréhensible. Et cet Autre qui s'impose comme une réalité sociologique oblige à prendre en compte tous les éléments de la diversité culturelle, mais *aussi* tous les éléments qui font *lien*, à l'échelle des sociétés, Les médias de masse, si dévalorisés, constituent dans cette perspective des *moyens privilégiés*, pour à la fois préserver les identités collectives, et se sensibiliser à l'Autre sans se sentir menacé. L'existence des classes et des cultures moyennes, dont on a vu hier les limites, constitue aussi un atout pour affronter l'ouverture et la diversité culturelle, car elle offre une certaine stabilité. Les classes moyennes et la culture de masse deviennent les racines de la société contemporaine face au saut de la mondialisation. Il est plus facile de s'ouvrir à l'Autre quand on se sent reconnu et stable. C'est évidemment moins vrai, hélas, dans le Sud où les peuples doivent, simultanément, entrer dans la modernité, garder leurs traditions, restés unis et s'ouvrir à l'Autre…

Pas de sensibilisation, non plus, à l'altérité, sans une réflexion sur les *échelles de temps et d'espace*, deux dimensions essentielles de toute culture. La modernité a privilégié la vitesse et le dépassement des frontières : apprendre à dialoguer avec l'Autre obligera à aller plus lentement. La *lenteur* de la rencontre fait partie du rapport à l'Autre. Si la révolution des techniques a permis de s'affranchir des *distances physiques*, c'est pour éprouver ensuite la difficulté des *distances culturelles*. Autrement dit, l'obligation de la cohabitation culturelle facilite une sorte de retour de l'expérience, du temps, des racines, de la tradition et de la géographie comme condition de la rencontre. Tout se passe comme si les contraintes de la cohabitation culturelle nous obligeaient à revaloriser ce que les performances de la modernité avaient considéré comme « dépassé ».

La plus belle leçon fournie par l'enjeu de la cohabitation culturelle est sans doute celle qui consiste à retourner le gant du thème *de la société de l'information*. Celle-ci a été présentée pendant une dizaine d'années, grâce à l'interconnexion de l'informatique, des télécommunications, de l'audiovisuel, comme l'avenir des sociétés développées. La société de l'information devait permettre de s'affranchir des clivages politiques, sociaux et culturels. Les réseaux devaient instaurer un modèle de société interactif, libre, non hiérarchisé. Ce que l'on découvre ? L'omniprésence de l'Autre, l'obligation et la difficulté de cohabiter avec lui ; l'absence de « communication » entre les cultures et les peuples ; les fondamentalismes ; le terrorisme et la haine de l'Autre. Là où tout devait être fluide, rapide, en ligne, interactif, on rencontre résistance, incompréhension, blocage.

En réalité le défi de la cohabitation culturelle est la *réponse* au mythe technocratique de la société de l'information. *La société de l'information évacuait l'histoire, la cohabitation culturelle la réintroduit.*

La cohabitation culturelle est l'alternative politique au projet technique de la société de l'information. Les réseaux butent sur la complexité des sociétés. Au lieu d'instaurer l'échange, ils révèlent l'immense difficulté de la communication. Les machines ne pèsent pas grand-chose face à l'Autre. Les peuples, les cultures, l'histoire, les sociétés ont raison de la vitesse, des branchements et de la fluidité. Avec la société de l'information, on reste du côté des tuyaux. Avec la cohabitation culturelle, on passe du côté des normes et des valeurs. Apprendre à piloter la diversité culturelle sera demain la vraie richesse des sociétés.

D'ailleurs un chiffre symbolise les deux dimensions de la communication. Il y a autant d'internautes dans le monde qu'il y a de téléphones portables (autour d'un milliard). Comme si, plus les hommes naviguent sur les réseaux, plus ils ont besoin, aussi, de se parler.

En fait, l'émergence de la cohabitation culturelle comme enjeu politique de la troisième mondialisation illustre *les deux philosophies de la communication* – technique et politique qui s'opposent depuis longtemps. La première, à partir des techniques et des promesses des marchés, pense pouvoir créer la société de l'information où individus et collectivités, formant une vaste communauté, circuleraient librement sur les réseaux. La seconde, à partir d'une définition humaniste et politique de la communication, cherche plutôt à établir les bases de l'intercompréhension en organisant la cohabitation entre les cultures.

Les deux dernières décennies du XXe siècle ont été dominées par la vision technique et économique de la communication. Le début du XXIe siècle, avec les conflits et le terrorisme, retrouve l'importance d'une définition humaniste et politique de la communication.

Index thématique

NB : les mots « Communauté », « Communication », « Communication fonctionnelle et normative », « Communication politique », « Culture », « Espace public », « Identité », « Individu », « Modernisation », « Modernité », « Sciences de la communication », « Société civile », « Société individualiste de masse », « Tradition » sont définis dans le glossaire des livres *Penser la communication* et *Internet et après*, tous deux disponibles en « Champs-Flammarion ».

Table

Table 211

CET OUVRAGE
A ÉTÉ TRANSCODÉ
ET ACHEVÉ D'IMPRIMER
SUR ROTO-PAGE
PAR L'IMPRIMERIE FLOCH
À MAYENNE EN MAI 2003

N° d'éd. FU027304. N° d'impr. 57240.
D.L. : janvier 2003.